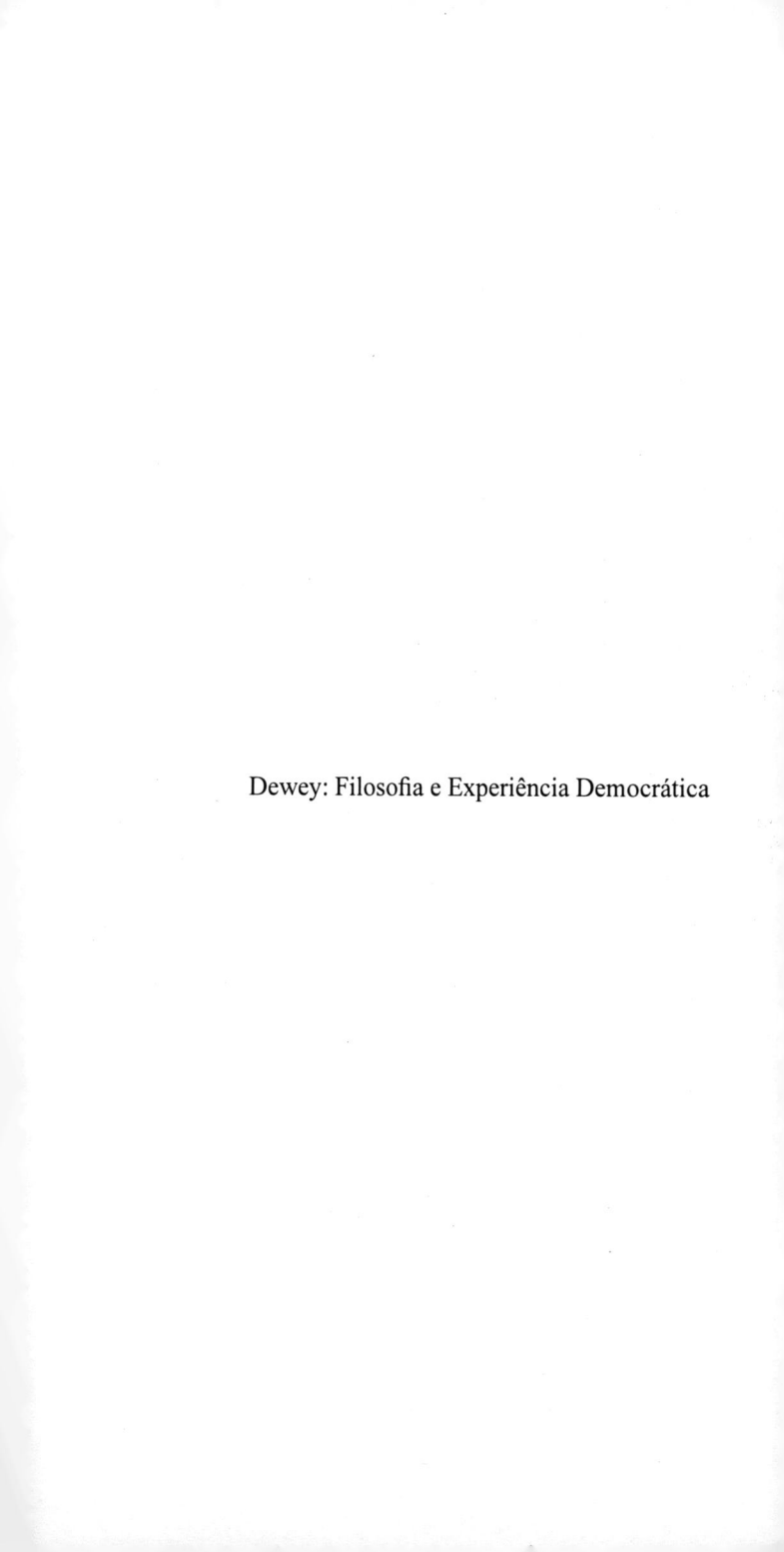

Dewey: Filosofia e Experiência Democrática

Coleção Debates
Dirigida por J. Guinsburg

Equipe de Realização – Revisão: Maria Nazaré de Camargo Pacheco Amaral;
Produção: Ricardo W. Neves e Raquel Fernandes Abranches.

m. nazaré
de c. pacheco amaral

**DEWEY: FILOSOFIA
E EXPERIÊNCIA
DEMOCRÁTICA**

PERSPECTIVA

Dados Internacionais de Catalogação na Publicação (CIP)
(Câmara Brasileira do Livro, SP, Brasil)

Amaral, Maria Nazaré de Camargo Pacheco
  Dewey: filosofia e experiência democrática / Maria Nazaré de C. Pacheco Amaral -- São Paulo : Perspectiva, 2007. -- (Debates ; 229 / dirigida por J. Guinsburg)

  Bibliografia
  1ª reimpr. da 1. ed. de 1990.
  ISBN 978-85-273-0028-5

  1. Autodeterminação (Educação) 2. Dewey, John, 1859-1959 3. Educação - Filosofia I. Título. II. Série.

89-1985   CDD-370.1

Índices para catálogo sistemático:
1. Educação : Filosofia 370.1
2. Educação e democracia 370.115
3. Educadores : Biografia e obra 370.92

1ª edição – 1ª reimpressão

Direitos reservados à
EDITORA PERSPECTIVA

Av. Brigadeiro Luís Antônio, 3025
01401-000 – São Paulo – SP – Brasil
Telefax: (0--11) 3885-8388
www.editoraperspectiva.com.br

2007

A meus pais

I have given to philosophy a more humble function than that which is often assigned it. But modesty as to its final place is note incompatible with boldness in the maintenance of that function, humble as it may be. A combination of such modesty and courage affords the only way I know of in which the philosopher can look his fellowman in the face with frankness and with humanity.

John Dewey

SUMÁRIO

Apresentação – *José Mário Pires Azanha* 15

Prólogo 19

Introdução 21

1. O Princípio de Continuidade: Algumas Raízes 31
   1. *A Atuação das Comunidades Congregacionalistas* 34
   2. *A Vida Social dos Pioneiros Americanos e a Democracia* 37
   3. *Raízes Filosóficas* 39
   4. *A Base Social dos Dualismos e a Continuidade entre Experiência e Natureza* 47

2. A Busca da Segurança Prática 59
   1. *O Pragmatismo e sua Oposição ao Critério Clássico de Verdade* 61

2. A Sociedade Democrática e o Modelo Biológico
   de Adaptação do Homem ao Meio 64
3. A Importância da Comunicação Social e a Idéia
   de Liberdade 68
4. Inteligência e Cooperação Social 74
5. Educação, Natureza Humana e Democracia ... 79
6. Dimensão Ético-Religiosa da Democracia 82

3. Ciência, Filosofia, Educação: a Atuação do Método
   da Inteligência 87
   1. Outras Denominações para o Método da
      Inteligência 90
   2. A Conciliação entre Razão e Fé e a Filosofia .. 97
   3. O Modelo Democrático de Vida e a Educação 115

4. Realidade e Valor: A Questão Permanente 123

Bibliografia 135

APRESENTAÇÃO

A publicação deste trabalho é oportuna pelo menos por duas razões.

Em primeiro lugar, porque ele é um exemplo que vai ficando raro – dos critérios acadêmicos com que há alguns anos atrás enfrentava-se a questão da produção intelectual nos cursos de pós-graduação em Educação, pois a escolha de um tema de investigação nesses cursos deve sobretudo ser uma oportunidade de desenvolvimento intelectual do pós-graduando. Nessas condições, é desejável que o tema de trabalho ofereça antes dificuldades do que facilidades. Convém até mesmo que represente um desafio. A não ser assim, o curso de pós-graduação falha no seu principal objetivo que é o de formação dos quadros acadêmicos.

O estudo da obra de Dewey – ainda que seja de uma pequena parte – é tarefa desafiadora e por isso mesmo altamente compensadora do ponto de vista do desenvolvimento de hábitos intelectuais de trabalho acadêmico. Além disso, Dewey tem uma importância histórica fundamental para a educação brasileira.

A segunda razão da oportunidade de publicação deste trabalho está no fato dele representar um convite para retorno à leitura dos clássicos em Educação. E este retorno é de uma necessidade premente. Aliás, é interessante registrar que, nos tempos de hoje, há uma oposição muito freqüente entre coisas que deveriam estar naturalmente associadas: a leitura dos clássicos e a forte motivação política dos estudos educacionais. É difícil compreender como pessoas politicamente motivadas não apenas não lêem os clássicos como também vangloriam-se disso. Contudo, foram esses autores que trataram da educação na amplitude social, política e ética que convém ao tema. Nos estudos do homem (incluída aí a Educação), o cultivo dos grandes autores é o único caminho para algum progresso intelectual, pois não se dispõe nessa área de quase nada que lembre um crescimento cumulativo do saber. As questões fundamentais ainda estão inteiramente em aberto e a recusa dos clássicos é apenas uma opção arrogante pela superficialidade transvestida de modernidade (ou de pós-modernidade). A propósito, convém lembrar que Whitehead, escrevendo sobre o próprio Dewey, disse em certa ocasião.

A espécie humana consiste de um pequeno grupo de animais que há pouco tempo mal se diferenciou da massa da vida animal de um pequeno planeta que circula em torno de um pequeno sol. O Universo é vasto. Nada é mais curioso do que o dogmatismo auto-satisfeito com o qual os homens de cada período da história embalam a ilusão do estado final de seus próprios modos de conhecimento. Céticos e crentes são todos iguais. (...). Este dogmático senso comum é a morte da aventura filosófica. O Universo é vasto.

O livro da Profa. Maria Nazaré, que ora se publica, é pois um convite a uma aproximação da *vasta* obra de Dewey, um homem que se empenhou, não dogmaticamente, na aventura filosófica. E embora o propósito deste trabalho não seja o de oferecer uma introdução ao pensamento do autor poderá também acabar por levar a isso.

José Mário Pires Azanha
Prof. Dr. da Faculdade de Educação
da Universidade de S. Paulo

PRÓLOGO

Nossas pesquisas de pós-graduação, voltadas em parte para a preparação de aulas e outras atividades docentes junto ao Departamento de Filosofia da Educação e Ciências da Educação da Faculdade de Educação da USP, despertaram, desde 1973, nosso interesse pela obra do pensador americano, John Dewey.

A partir do primeiro contato que tivemos com sua vasta obra, um fato despertou nossa curiosidade intelectual: o avanço de nossas leituras colocava-nos diante de uma multiplicidade cada vez mais variada de imagens do autor a nos desafiar para ajustarmos o foco de nossas investigações e podermos, assim, apreender seu pensamento em imagem mais profunda, purificada e única.

Qualquer elo de ligação que estabelecêssemos, como fruto do suceder histórico dos problemas que tratava, não satisfazia a nossa curiosidade, que ia bem mais longe e buscava um denominador comum para o Dewey do "learning by doing", do papel social e democrático da escola, da moral instrumentalista, da "religião da democracia", da "reconstrução em filosofia" e outros tantos mais. É como se sentíssemos uma grande necessidade de detectar e salientar, diante da diversidade e da multiplicidade de sua temática, uma profunda unidade. Esta, acreditávamos, derivar-se-ia de uma intensa convicção espiritual que o filósofo revelava possuir, a qual só com o avanço de nossos estudos pudemos compreender melhor: uma fé intensa e profunda na vasta e esplêndida unidade do mundo parecia nutrir o equilíbrio interno do pensamento deweyano que, contando com o apoio desse fator catalisador, passou a buscar o instrumental teórico necessário para o apoio racional da referida unidade de fé.

Dessa forma, foi possível entender por que seus escritos, a princípio tão distantes uns dos outros, puderam pouco a pouco integrar-se e fundir-se de tal modo que passaram a constituir uma verdadeira unidade orgânica. Na verdade, eles nada mais eram senão a expressão racionalmente instrumentalizada da percepção de unidade que o autor intuía existir entre os múltiplos problemas particulares que visualizava.

Maria Nazaré de Camargo Pacheco Amaral

INTRODUÇÃO

Se é verdade que o êxito de todo pensador talentoso advém da capacidade de captar e expressar o que os homens de sua geração trazem no mais profundo de si e dirigir esse caudal de idéias ainda inconscientes a metas mais definidas, então, não nos fica a menor dúvida de que John Dewey foi um pensador altamente dotado. "John Dewey – declara Whitehead – é o típico pensador americano eficaz"[1]. Talvez melhor do que ninguém tenha ele sabido expressar os sentimentos e os pensamentos de seu povo; apreendido o espírito de sua pátria; captado as possibilidades de sua época. Ao fazê-lo evidenciou ter cumprido à risca a missão que sempre considerou legíti-

---

1. ALFRED NORTH WHITEHEAD, "John Dewey and his Influence", *in* PAUL A. SCHILPP, *The Philosophy of John Dewey*, 2. ed. Illinois, Open Court, 1971, p. 478.

ma para os filósofos, ou seja, a de exprimir os profundos conflitos e as infindas incertezas da civilização de que participam[2]. Dewey defendeu a concepção instrumental da filosofia. Propugnou a aplicação da crítica filosófica à realidade circundante e com fervor salientou que a filosofia só pode ser relevante quando mantiver relação com o mundo.

Dworkin caracterizou com precisão a sincronia existente entre o pensamento deweyano e os problemas vivos da sociedade de seu tempo: "... é como se ele tivesse tido um olho no relógio do destino"[3]. Não há como fugir ao fato de que o pensamento de John Dewey era consoante com algo de peculiar e espontâneo do pensamento americano. A verdade é que o povo americano é por natureza experimentador, está sempre pronto a provar novas idéias, em resumo, é pragmatista no sentido não filosófico do termo. Há no pragmatismo algo para o que a América responde por sua própria natureza[4]. Santayana chega mesmo a estender a Dewey a observação que o pragmatista francês Georges Sorel havia feito a William James: "Sua filosofia está calculada de forma a justificar todos os postulados da sociedade americana"[5]. Dewey não se cansou de pregar através de sua vasta obra que a chave de uma vida significativa é o progresso; que os inimigos da vida são a inflexibilidade e a cega resistência às transformações. O que dizer, então, da fé inabalável que deposita na inteligência humana e nos indivíduos em geral, vistos como seres capazes de construir seus próprios destinos? Essa fé, que também não escapa ao quadro das tra-

2. Cf. JOHN DEWEY, *Philosophy and Civilization*, Massachusetts, Peter Smith Gloucester, 1968, p. 7.
3. MARTIN S. DWORKIN, *Dewey on Education*, 3. ed., New York, Columbia University, 1961, p. 17.
4. Cf. W. H. MARNELL, *Man-Made Morals: Four Phylosophies that Shaped America*, 2. ed., New York, Anchor Books Doubleday & Co. Inc., 1968, pp. 310-311.
5. G. SANTAYANA, "Dewey's Naturalistic Metaphisics", *in* PAUL A. SCHILPP, *The Philosophy of John Dewey*, p. 247.

dições do seu povo, nele encontrou o instrumento de expressão viva e profunda.

Limitarmo-nos a enquadrar Dewev na história americana teria facilitado bastante a nossa tarefa de tentar compreendê-lo, porque, ao fazê-lo, estaríamos simplesmente diluindo seu pensamento em meio à avalanche da tradição americana, reintegrando-o em seu seio e desta forma aniquilando mesmo a figura singular de expoente de sua época. Contudo, gostaríamos de propor um outro caminho, isto é, o de determo-nos por um instante na compreensão de alguns dos aspectos do seu pensamento, procurando determinar a sua força propulsora, tarefa esta com que julgamos fazer maior justiça ao pensador americano, na medida em que procuraremos ressaltar a sua figura ao invés de nivelá-la à de seu povo em geral. Afinal, não podemos nos esquecer de que outros homens viveram na mesma época e lugar e nem por isso souberam expressar, como ele, tudo o que viram e sentiram.

Dessa forma, questões como – em que medida o impacto do pensamento deweyano foi único, novo e verdadeiramente inovador? Ou, em que medida foi ele um produto ou expressão de amplas e determinadas forças na vida americana? – não nos interessarão mais. A respeito da posição de Dewey na história do pensamento americano, vai interessar-nos somente a verificação pura e simples de que ele aí teve um lugar, e um lugar importante. Se sua contribuição vem a ser menos uma inovação do que uma síntese, se sua verdadeira singularidade consiste mais numa visão enciclopédica dos problemas do pensamento e da conduta do que qualquer nuança particular de expressão, isso em nada afetará nossa tarefa, que, como já dissemos, limitar-se-á a traçar considerações a respeito de alguns dentre os inúmeros aspectos do seu pensamento, tentando encontrar, isto sim, elo deligação entre eles a fim de procurar salientar a unidade da obra do eminente pensador.

O fato de indicarmos em nosso trabalho algumas influências, que afetaram seu pensamento não implica a aceitação de que seu pensamento seja a resultante dessas influências, mas antes a crença justificada de que, em função delas, ele pode ser mais bem entendido. Pretendemos salientar que as influências por ele sofridas foram reconstruídas em uma filosofia abrangente e unificada. O que vai nos interessar bem de perto é, justamente, a coerência interna dessa filosofia. Morton G. White fala de uma continuidade existente entre as primeiras obras de Dewey e suas obras posteriores. A partir daí, explica a continuidade entre seu idealismo e seu experimentalismo[6]. As palavras do grande estudioso do pensador americano adquirem significado para nós, visto pretendermos mostrar também que existe um elo de ligação que garante unidade à tão diversificada temática deweyana, embora seja nosso desiderato, como já observamos, o estudo de apenas alguns dos aspectos de sua visão do mundo e não estejamos propriamente interessados no mérito ou demérito da passagem do idealismo para o experimentalismo. Parece-nos oportuno relembrar o relato de um verdadeiro exame de consciência feito pelo próprio Dewey ao refletir sobre sua filosofia: "Inconsistências e mudanças tiveram lugar; o que mais posso clamar é que evoluí constantemente em uma direção"[7]. Não pretendemos concluir dessas palavras que a história do pensamento deweyano possa resumir-se na expressão pura e simples do idealismo dos primórdios de sua carreira. Da mesma forma, não nos interessa tecer considerações a respeito de quando e

---

6. "O presente estudo ... é portanto o estudo de uma conversão intelectual – a mudança deweyana do idealismo para o instrumentalismo. O tema não é novo. Todos que estiverem familiarizados com as obras de Dewey sabem que ele começou sua carreira como um idealista. O que é menos conhecido e menos discutido é o efeito que essas precoces vinculações tiveram sobre suas opiniões subseqüentes." *The Origin of Dewey's Instrumentalism*, New York, Columbia University Press, 1943, p. xiii.

7. "Experience, Knowledge and Value: A Rejoinder" *in* PAUL A. SCHILPP, *The Philosophy of John Dewey*, P. 520.

como se efetuou a referida conversão. O que nos restaria, então, como tarefa? Apenas o estudo de alguns dos aspectos do pensamento maduro de Dewey. Isso não significa ignorar a transformação de que White nos adverte. Em alguns momentos seremos obrigados a nos lembrar de que "Dewey não é um idealista, ele é o que um idealista se torna quando incorpora em si os resultados da moderna biologia, psicologia e ciência social"[8].

A nossa tarefa, insistimos mais uma vez, será a de traduzir o sentido essencial de sua posição diante de determinados problemas que abordou, procurando apreender aquele denominador comum que possivelmente confere unidade a seu pensamento, dando-lhe inclusive cunho de originalidade. Nesse sentido, procuraremos destacar que um só e único princípio garante a unidade teórica do pensamento de John Dewey, qual seja, o princípio de continuidade tão insistentemente defendido pelo autor como aquele "instrumento" capaz de superar as dificuldades inerentes aos dualismos que povoaram e ainda povoam a filosofia sob diferentes e variadas formas, tais como: homem-natureza, sobrenatural-natural, espírito-matéria, mente-corpo, eu-não eu, etc.[9]. O verdadeiro apoio de todas essas separações encontra-se, segundo Dewey, no isolamento admitido pela filosofia clássica entre o eu e o mundo, entre conhecimento e ação, entre teoria e prática[10]. Por esse motivo, cria uma filosofia que reconhece a origem, o lugar e a função da mente na nature-

---

8. MORTON G. WHITE, *The Origin of Dewey's Instrumentalism*, p. 18.

9. GÉRARD DELEDALLE, em seu livro *La Pédagogie de John Dewey* defende a tese de que o princípio de continuidade constitui a chave que une a filosofia de John Dewey. *La Pédagogie de John Dewey. Philosophie de la Continuité*, Paris, Éd. du Scarabée, 1965, p. 31. A nosso ver este princípio nada mais é do que o reflexo da racionalização da fé deweyana na unidade democrática do mundo, esta sim o verdadeiro fundamento de sua filosofia.

10. Cf. *The Quest for Certainty*, 12. ed., New York, G. P. Putnam's Sons, 1960, p. 48.

za e abandona a idéia de que existe qualquer dicotomia entre conhecimentos e crenças, pensamento e ação, método e matéria, fins e meios, fatos e valores, ciência e filosofia. Esclarecemos que o pensamento deweyano, enquanto construção teórica, responde a uma necessidade eminentemente prática desse mundo uno em que o autor crê tão fervorosamente. Trata-se da necessidade de estabelecer uma organização social que estimule a flexibilidade das interações entre os indivíduos. Isso porque, em verdade, são as rupturas sociais de continuidade que respondem pela formulação intelectual dos dualismos ou antíteses a que nos referimos. Então, é como se na aparência a teoria fundamentasse a prática, mas só na aparência porque, na realidade, ela visa a solidificação pura e simples da medida prática, visto que sua função é simplesmente justificá-la, racionalizá-la. Se o princípio de continuidade admitido teoricamente por Dewey desde o momento em que coloca a origem, o lugar e a função da mente na natureza deve oferecer apoio racional à crença que o autor devota a um mundo uno, isso acontece na exata medida em que o referido princípio cumpre seu papel de justificar racionalmente a mencionada crença.

Salientaremos ainda que o desejo de unidade do autor coincide verdadeiramente com a unidade própria da organização democrática de vida. Esta, e somente esta, é congruente com o progresso e o crescimento inerentes à própria vida. Se entendemos que, para Dewey, vida significa vida reflexiva, podemos perceber o significado de sua confiança desmedida nas possibilidades realizadoras da inteligência humana, assim como do método da inteligência para resolver todos os problemas desse mundo. Ora, a fé no homem comum enquanto ser dotado de inteligência nada mais é que um dogma do credo democrático. Uma visão tão otimista do poder humano para discernir o verdadeiro do falso parece ser mesmo congruente com a forma democrática e liberal de vida associada. Isso porque a confiança deweyana no poder da inteligência para construir o próprio destino do homem implica o reconhecimento pleno de sua liberdade para pensar e agir. "O homem pode conhecer: portanto ele pode ser livre." Essa é a fórmula que explica, segundo Karl R. Popper, a ligação entre otimismo epistemológico e as idéias do liberalismo[11]. É como se não houvesse mesmo necessidade de qualquer autoridade externa para guiá-lo em seu caminho pela vida, pois ele próprio, melhor do que ninguém, sabe o que favorece e o que desfavorece o crescimento vital. E, sendo assim, merecidamente ele faz jus à sua liberdade. Vejamos o que Dewey tem a nos dizer a esse respeito: "A capacidade espontânea da criança, a solicitação dos seus próprios impulsos que se querem realizar e concretizar, não podem ser suprimidas"[12]. Aí encontra-se, segundo o autor, a base sólida por onde deve começar a atuação da educação.

Como procuraremos mostrar, o homem deweyano é livre porque conhece, e conhece porque o mundo em que vive é aquele qualificado e valorizado por sua própria inteligência. E essa inteligência, como veremos, está comprometida com os padrões democráticos de vida. Dessa forma, cremos justificada a profunda fé na capacidade inteligente do homem, sempre que estejamos em meio a um mundo democraticamente concebido. Relembre-se de que a democracia, para o autor, não é tão-só um regime político, mas uma forma de vida, a única digna do ser humano. A filosofia deweyana e tudo o que ela inclui em seu seio, vista sob esse ângulo, não pode ter outro sentido ou valor que o instrumental. Sim, valor como instrumento para atingir os anseios próprios de um mundo que reflete, em sua estrutura mais ampla, os padrões próprios da or-

---

11. Cf. *Conjectures and Refutations. The Growth of Scientific Knowledge*, London, Routledge & Kengan Paul Limited, 1963, p.6.

12. JOHN DEWEY, *Interest and Effort in Education*, Boston Houghton Mifflin Company, 1913, pp. 9-10.

ganização democrática "inerente" à sociedade dos homens. Se o autor visa a reintegrar o conhecimento e a atividade do homem na estrutura geral da evolução universal, como ele próprio salienta, o que de fato ele consegue é a projeção do seu modo particular de ver o homem em seu relacionamento com seus semelhantes e com a natureza na estrutura do universo em sua totalidade. Dessa forma, parece bastante fácil ao autor retirar desse mesmo universo, no preciso momento que lhe interessa, tudo aquilo que deseja e quer, pois afinal foi isso que ele aí colocou.

Nesta introdução, procuraremos definir o tema e o objetivo de nosso trabalho nos quatro capítulos subseqüentes. No capítulo 1 procuraremos delinear algumas raízes responsáveis pela consolidação do princípio de continuidade como o alicerce teórico de sua fé na unidade do mundo. No capítulo 2 tentaremos explicar a substituição deweyana da busca da certeza absoluta pela busca da segurança prática e suas conseqüências para o reino dos valores sociais. No capítulo 3, procuraremos mostrar a atuação do método da inteligência junto à ciência, à filosofia e à educação. O capítulo 4 diz respeito à questão que parece permear todo o pensamento do autor, qual seja, realidade e valor. Gostaríamos, contudo, de fazer aqui uma advertência. Ao delimitarmos, desse modo, o objetivo de nosso estudo, não cremos estar fugindo dos aspectos propriamente educacionais, que constituem a grande preocupação do autor. É bem verdade que colocamos em primeiro plano o aspecto especificamente filosófico de sua obra, o que não significa que estejamos, dessa forma, alheios à problemática pedagógica em especial. Aprendemos em seu clássico *Democracia e Educação* que a teoria educacional não está simplesmente fundada em sua filosofia, mas as duas são uma e mesma coisa. Afinal, não foi ele próprio quem afirmou que a filosofia pode mesmo ser definida como a teoria geral da educação?[13].

À primeira vista, a nossa preocupação parece ser estritamente filosófica, mas não estaríamos sendo justos com o próprio pensamento do autor, se aí nos detivéssemos até o fim. Isso porque um mundo construído à luz de propósitos e desejos humanos não poderia atribuir à filosofia outra missão senão a de ser a teoria geral da educação. Sim, porque a sua preocupação maior deverá ser a de orientar a educação no sentido de poder proporcionar ao ser humano, ainda imaturo, a incorporação dos padrões próprios ao homem maduro, qual seja, o homem formado à luz dos princípios democráticos, os únicos válidos para esse mundo, produto de sua própria criação. Se à educação cabe tão importante missão, é justo que a filosofia não se sinta diminuída ao transformar-se na teoria geral da educação. Como vimos, a educação, vista desse modo, é de vital importância para a manutenção da unidade e do equilíbrio desse mundo. E como tal, tudo o que dissermos a respeito da construção teórica desse mesmo mundo tem importância vital para a educação, laboratório por excelência onde tudo deve atualizar-se.

Finalmente, lembramos que não estamos tratando de reconstruir uma doutrina, mas apenas de extrair subsídios que possam nos instruir com vistas a uma compreensão cada vez melhor e mais profunda do seu verdadeiro significado.

---

13. Julgamos de grande importância transcrever a referida passagem: "Se quisermos conceber a educação como o processo de formar disposições fundamentais, intelectuais e emocionais com respeito à natureza e aos homens, a filosofia pode ainda ser definida *como a teoria geral da educação*. A menos que uma filosofia permaneça simbólica – ou verbal – ou um deleite sentimental para alguns, ou um simples dogma arbitrário, seu exame da experiência passada e seu programa de valores devem trazer conseqüência à conduta" (*Democracy and Education. An Introduction to the Philosophy of Education*, New York, The Macmillan Company, 1955, p. 383). (Grifo do autor.)

1. O PRINCÍPIO DE CONTINUIDADE: ALGUMAS RAÍZES

Ele é o único grande filósofo a viver além dos noventa anos. A longevidade, contudo, não é uma conquista filosófica. Ela é um dom natural. Não é a longa duração de sua vida, mas a natureza de suas idéias que torna John Dewey importante para o tempo e explica o porquê de, em quatro ocasiões, ter sido honrado pelos seus colegas com um volume de estudos comemorativos,

afirmou um dos eméritos discípulos de Dewey ao prefaciar uma obra em sua homenagem[1].

O homem que mereceu tal homenagem nasceu em Burlington, Vermont, a 20 de outubro de 1859 e morreu em New York a 1º de junho de 1952. Passou sua infância no seio da família, onde reinava um espírito comunitário capaz de influenciar todo o seu pensamento futuro: o há-

1. SIDNEY HOOK, *John Dewey, Philosopher of Science and Freedom. A Symposium*, New York, Dial Press, 1950, p. V.

bito de confiar às crianças a realização de pequenas tarefas fez com que despertasse, não só nele como em seus irmãos, o sentimento de responsabilidade individual que mais tarde iria constituir um dos ingredientes mais importantes de sua "receita" de como viver democraticamente. Declara Jane Dewey:

> Apesar do prestígio especial das poucas primeiras famílias, a vida era democrática – não conscientemente, mas naquele sentido profundo em que igualdade e ausência de distinção de classes são tomadas por certo[2].

Assim que terminou os estudos secundários em 1875, Dewey inscreveu-se na Universidade de Vermont, onde concluiu o curso com grau de bacharel em artes, em 1879. Por volta de 1882, atendendo aos conselhos de Henry H. Torrey, seu mestre de filosofia em Vermont, e de W. T. Harrys, diretor do *Journal of Speculative Philosophy*, orientou-se definitivamente para os estudos de filosofia entrando para a Universidade Johns Hopkins onde se doutorou em filosofia. Seguiu para a Universidade de Michigan a convite de seu professor de filosofia, George Sylvester Morris. Durante dez anos (1884-1894), ensinou filosofia nessa universidade, sendo que a partir de 1889, com a morte do mestre, passou a ocupar o posto de chefe do Departamento de Filosofia.

Antes de iniciar seu professorado na Universidade de Columbia, lecionou durante dez anos (1894-1904) na Universidade de Chicago. Foi justamente o decênio em que se plasmaram fundamentalmente suas idéias sobre educação, assim como muito de sua filosofia. Funda a sua Laboratory School (1896), onde pôde experimentar suas idéias de uma educação progressiva ou nova, como disse mais tarde, sendo elas, entre outras, o aprender através da ação, o colocar como centro da educação a atividade pes-

---

2. JANE M. DEWEY, "Biography of John Dewey", *in* PAUL A. SCHILPP, *The Philosophy of John Dewey*, p. 3.

soal, o esforço, o interesse da criança, idéias que apareceram claramente delineadas em seu livro *The School and Society* e que constituíram o prenúncio de sua atuação filosófica em New York, durante os vinte e cinco anos de docência ativa na Universidade de Columbia. Em seu longo professorado na referida universidade (1904-1930), Dewey pouco a pouco converteu-se num líder dos pensadores americanos. Mesmo depois de aposentar-se em 1930, continuou a escrever e a publicar livros e artigos importantes até sua morte em 1952, aos noventa e dois anos. É bem verdade que passou a maior parte de sua vida nas universidades. No entanto, por compreender que as escolas eram função da sociedade, empregou também considerável parte de sua existência familiarizando-se com a sociedade fora das escolas. Sua fama tornou-se mundial. Foi hóspede oficial da China passando lá dois anos, período em que lecionou na Universidade de Pequim e Nanquim. Visitou também o Japão, onde pronunciou conferências na Universidade de Tóquio, além de viajar também para o México, a Turquia, a Rússia, a Inglaterra e a França, sua última viagem. Dessa forma pôde influenciar o curso da educação mundial tanto na teoria como na prática.

Em meio a essa longa e atuante caminhada do autor tentaremos apontar alguns dos elementos que influíram na consolidação do princípio de continuidade como fundamento racional de sua filosofia, isto é, em que medida ele responde pela abolição completa dos dualismos que sempre ameaçaram a missão da filosofia, conforme ele próprio nos diz[3]. Vejamos, também, em que medida podemos considerar o referido princípio como mais uma resposta racional a um apelo puramente emocional da fé deweyana na democracia, esta sim, a nosso ver, o único e verdadei-

---

3. Cf. JOHN DEWEY, *Experience and Nature*, p. IX.

ro fundamento de sua filosofia. Nesse sentido, contamos com o apoio das palavras de Jane M. Dewey:

> O ambiente de sua meninice, embora não marcado por uma autêntica democracia industrial e financeira, criou nele uma fé inconsciente mas vital na democracia, que emergiu à consciência, constituindo o fundamento da maior parte de seus escritos filosóficos[4].

Assim sendo, julgamos importante caracterizar, antes de mais nada, o ambiente em que Dewey foi criado, no sentido de mostrar como este favoreceu em grande parte a sua formação democrática.

1. A Atuação das Comunidades Congregacionalistas

Os Dewey, imigrantes que deixaram a Inglaterra pelas mesmas razões que os passageiros do *May Flower*, chegaram à Nova Inglaterra por volta de 1630. Como a maior parte dos imigrantes ali instalados, eles eram congregacionalistas. Em nome da influência que o pensamento deweyano parece ter sofrido do movimento congregacionalista, julgamos interessante determo-nos um instante a tecer algumas considerações a respeito do referido movimento. O protestantismo congregacionalista, importado da Europa no século XVII, atuava no século XIX como uma fraternidade local de cristãos ou mesmo não cristãos. Isto, desde que levemos em conta o caso de um líder congregacionalista, Salomon Sttodart, que defendeu em um de seus sermões o direito dos inconvertidos não escandalosos de pertencer à comunidade[5]. Os congregacionalistas só aceitavam a autoridade de sua própria congregação, rejeitando qualquer autoridade externa.

Segundo E. G. Leonard:

---

4. *Op. cit.*, pp. 19-20.
5. E. G. LEONARD, *Histoire Générale du Protestantism*, vol. III, Paris, Presses Universitaires de France, 1964, p. 40.

As diferentes tendências podiam manifestar-se graças à vontade de independência firmada pelos congregacionalistas, vontade essa que impedia o exercício de todo controle sobre as doutrinas professadas e acolhidas[6].

Explica ele:

A indiferença doutrinal significava que os congregacionalistas não atribuíam às doutrinas nenhum caráter constrangedor. Para eles cada comunidade local era livre para formular sua fé como lhe conviesse, respeitando a solidariedade de seus membros[7].

Não havia nenhuma hierarquia que comandava o relacionamento entre os membros de cada comunidade. Isso revelava o caráter democrático das mesmas, pois as almas como que se aproximavam umas das outras livremente, sem qualquer sentimento de desigualdade.

Herbert W. Schneider, referindo-se ao que ele chama de teoria contratual das comunidades congregacionalistas, observou muito bem que a teoria era democrática no sentido de que ela estipulava a eleição regular de magistrados e ministros da Igreja, escolhidos entre todos os membros, e assim defendia a igualdade e o governo representativo[8]. Dessa forma, afirma o próprio Schneider, foi possível ao congregacionalismo americano construir uma república de almas contra a teocracia clerical, feito este não alcançado pelo congregacionalismo europeu. Na América, o congregacionalismo pôde organizar numerosas comunidades religiosas, onde os chefes e os ministros eram eleitos entre todos os membros da congregação, chegando mesmo a formar verdadeiras democracias religiosas[9]. Julgamos conveniente ressaltar que tais democra-

---

6. *Idem*, p. 438.
7. *Ibidem*.
8. Cf. *A History of American Philosophy*, 3. ed., New York, Columbia University Press, 1947, p. 4.
9. *Idem*, pp. 6-7.

cias estavam ligadas essencialmente à fé religiosa de seus membros, pois não interferiam na obediência que estes mantinham em relação ao governo central.

Foi numa dessas comunidades que John Dewey foi criado. Todos os que poderiam exercer influência sobre ele eram congregacionalistas: sua mãe, seu pai, seu irmão, o chefe da igreja de Burlington e todos os seus professores da Universidade de Vermont, incluindo Henry Torrey que foi quem o iniciou no estudo de filosofia. Dewey, como os congregacionalistas em geral, revelou grande sede de unidade só que, à diferença dos demais, muito precocemente[10]. De fato, essa busca de unidade parece conjugar-se muito bem com as aspirações do referido movimento religioso. Se de um lado os congregacionalistas não atribuíam nenhum caráter constrangedor às doutrinas, e nesse sentido cada comunidade era livre de formular sua fé como lhe conviesse, de outro lado havia um elo que mantinha a unidade das comunidades. Advinha ele da crença de que cada membro estava unido a Cristo e todos entre si na vida comunitária, graças ao respeito à igualdade e à solidariedade entre os mesmos.

Pelo que nos é dado saber, Dewey aceitou apenas nominalmente os ensinamentos religiosos de sua época e lugar. Prematuramente uniu-se à White Street Congregational Church em Burlington, sua cidade natal. Ao que parece, tentou acreditar nas doutrinas de sua igreja, mas sua crença nunca foi profunda a ponto de satisfazer suas necessidade emocionais de ver o real integrado em um único todo[11]. Se os ensinamentos religiosos congregacionalistas não obtiveram de nosso autor uma aceitação plena e total, o que o atraiu então para junto desse movimento? Afinal, sabemos que durante o exercício da docência

---

10. Cf. G. DELEDALLE, *L'Idée d'Expérience dans la Philosophie de John Dewey*, Paris, Presses Universitaires de France, 1967, p. 17.
11. Cf. JANE M. DEWEY, *op. cit.*, p. 17.

em Michigan ele ainda participou de convenções congregacionalistas[12]. Sabemos também que as comunidades congregacionalistas primavam por sua organização democrática, e que Jane M. Dewey reporta a essa época da meninice de seu pai o crescimento de sua fé na democracia[13].

Talvez seja possível extrair desses episódios alguns elementos que nos possibilitarão levantar a hipótese de que Dewey tenha sido atraído ao referido movimento religioso graças aos princípios verdadeiramente democráticos que o sustentavam, incluindo aqui a total ausência de caráter constrangedor das doutrinas religiosas professadas em seu meio, advinda da aspiração de independência tão cara e tão típica do movimento. Isso porque a fé na democracia, como a forma de associação humana por excelência, e por isso mesmo moral e espiritual, parece ser para o pensamento do autor o seu verdadeiro e mais sólido apoio.

2. A Vida Social dos Pioneiros Americanos e a Democracia

Podemos talvez aquilatar melhor o "fervor" de sua crença quando afirma que

interesses e problemas sociais, desde muito cedo, constituíram para mim um apelo intelectual e forneceram o material intelectual que muitos parecem encontrar principalmente em questões religiosas[14].

Ao falar em interesses sociais e problemas sociais, Dewey refere-se aos interesses e problemas relacionados

---

12. Cf. G. DELEDALLE, *L'Idée d'Expérience dans la Philosophie de John Dewey*, p. 52.
13. Cf. *op. cit.*, p. 19.
14. JOHN DEWEY, "From Absolutism to Experimentalism" *in* G. P. ADAMS e W. P. MONTAGUE, *Contemporary American Philosophy*, vol. II, New York, The Macmillan Co., 1930, p. 20.

à única forma possível de vida associada, qual seja, a democrática[15]. Na verdade, a identificação que o autor faz entre vida humana associada e vida democrática constitui objeto central de nosso segundo capítulo. Nesse sentido, não poderíamos deixar de salientar, aqui, as palavras do autor de um dos clássicos da literatura universal sobre a democracia, Alexis de Tocqueville. Este, com incrível sensibilidade, nos adverte que

... a condição social dos americanos é eminentemente democrática; era esse o seu caráter na fundação das colônias e está ainda mais fortemente acentuado hoje em dia. (...) Reinava grande igualdade entre os imigrantes que se instalaram nas costas da Nova Inglaterra. O próprio germe da aristocracia jamais foi levado àquela parte da União. A única influência que ali se exercia era a do intelecto. O povo estava acostumado a reverenciar certos nomes como emblemas do conhecimento e da virtude...[16]

De fato, trata-se das palavras de alguém que se propôs ver, não de modo diferente dos partidos mas para além deles, a democracia em uma sociedade nova, em um continente novo[17].

Dessa forma, cremos não ter ultrapassado os limites a que nos propusemos respeitar na realização deste trabalho. Em nossa nota introdutória, afirmamos que o nosso objetivo seria o de tentar ressaltar a figura do eminente pensador americano, ao invés de nivelá-la à de seu povo em geral. Para tanto, abstivemo-nos até então de estabelecer vinculações estreitas entre o pensamento deweyano e a tradição democrática do povo americano. No entanto, esse pequeno parêntese dedicado a ressaltar as palavras de Tocqueville pareceu-nos de primordial importância pa-

---

15. Cf. JOHN DEWEY, "Democracy and Educational Administration", *in Education Today*, edited and with a foreword by Joseph Ratner, New York, G. P. Putnam's Sons, 1940, pp. 337-338.
16. *De la Démocratie en Amérique*, 17. ed., Paris, Calmann Lévy, 1888, vol. I, p. 78.
17. *Idem*, p. 25.

ra a melhor compreensão da obra de Dewey, embora saibamos que o pensamento de um autor possa ser investigado em sua exclusiva pretensão de verdade, caminho este por nós escolhido.

Neste momento, a preocupação maior é delinear algumas raízes responsáveis pela consolidação do princípio de continuidade como o alicerce teórico de sua fé na unidade do mundo, unidade esta que não implica imutabilidade, mas flexibilidade própria de um mundo constituído por elementos que não são estranhos uns aos outros, mas que se comunicam em função da integração que mantém uns com os outros. Isso acontece sempre em benefício da harmonia contínua do todo. Essa unidade implica a continuidade do intercâmbio entre os elementos que compõem o todo. Envolve também a flexibilidade dessas mesmas interações, idéia esta que constitui o cerne da verdadeira unidade. Na verdade, a união de um elemento com o todo acontece quando este mantém interação contínua com os outros elementos desse mesmo todo. Então, unidade implica flexibilidade e continuidade de interações[18]. Esse modo de caracterizar a unidade parece bastante próprio de alguém cuja preocupação maior será a de justificar racionalmente a sua crença na organização democrática da vida e do mundo. Isso porque trata-se de uma unidade apoiada na flexibilidade das interações e aqui poderíamos perfeitamente acrescentar a palavra "sociais", sem que com isso estivéssemos prejudicando a clareza do pensamento do autor, mas, pelo contrário, reforçando-a. Trata-se ainda de uma unidade que pressupõe a diversidade e poderíamos igualmente acrescentar, dos "espíritos", sem incorrer em qualquer distorção do seu pensamento.

3. Raízes Filosóficas

Na verdade, nosso trabalho visa justamente a delinear

---

18. JOHN DEWEY, *Democracy and Education*, p. 380.

alguns dentre os inúmeros elementos importantes que compõem o caminho percorrido pelo autor no sentido de justificar racionalmente a projeção da organização democrática, própria da sociedade dos homens, sobre a "sociedade do mundo". Sendo assim, não podemos estranhar o fato de que na medida em que sua fé na democracia foi se tornando mais intensa, mais foi carecendo de alicerces sólidos, isto é, de uma fundamentação racional[19]. Foi na tentativa de encontrar um apoio racional sólido que Dewey parece se desligar do sentido sobrenatural da união dos homens em Cristo, próprio da fé congregacionalista, para sustentar com o passar do tempo simplesmente a união de todos na vida comunitária.

Vejamos algumas fases mais importantes desse seu percurso. Já na Universidade de Vermont, ao freqüentar o curso de fisiologia sob a orientação de Huxley, Dewey foi por ele conduzido ao darwinismo que lhe ofereceu uma noção bastante atraente da interconexão dos seres no mundo. Dewey nos descreve sua trajetória intelectual:

É-me difícil falar, com precisão, sobre o que me ocorreu intelectualmente há tantos anos, mas conservo a impressão de que desse estudo derivou-se um senso de interdependência e unidade relacionada que deu forma a impulsos intelectuais que haviam permanecido incompletos, e criou um certo tipo ou modo de ver as coisas em função do qual deveria conformar-se qualquer material em qualquer campo. Subconscientemente, pelo menos, fui levado a desejar um mundo e uma vida com as mesmas propriedades do organismo humano numa imagem derivada do estudo do darwinismo conforme o tratamento de Huxley. De qualquer modo, obtive mais estímulo desse estudo do que de qualquer outro contato tido antes e, como nenhum desejo foi despertado em mim para continuar nesse ramo particular de conhecimento, eu dato desse tempo o despertar de um interesse filosófico distinto[20].

19. O monismo religioso do congregacionalismo que pregava a união de todos em Cristo e na vida comunitária atrafa fortemente Dewey, que, no entanto, sentia faltar-lhe uma base racional como seu único e verdadeiro apoio sólido (cf. GÉRARD DELEDALLE, *L'Idée d'Expérience dans la Philosophie de John Dewey*, p. 17).

20. "From Absolutism to Experimentalism", *in* G. P. ADAMS e W. P. MONTAGUE, *Contemporary American Philosophy*, vol. II, p. 13.

Parece possível, pois, fazer derivar dessa iniciação ao darwinismo o primeiro apoio sólido para a sua fé vital na unidade da vida democrática, não como uma dentre outras formas de bem conviver, mas, como dirá mais tarde, o único modo de vida humana e moralmente válido. Não esqueçamos, contudo, que inicialmente essa fé surgiu do seu próprio ambiente familiar e que foi fruto da própria organização democrática da comunidade congregacionalista a que pertenceu. Além do que, no momento em que aceita a teoria de Darwin, ela é também fruto dessa maneira inter-relacionada de conceber os seres no mundo, onde cada um cumpre, através de organização própria, uma função definida em benefício do equilíbrio do todo. A vida, vista desse ângulo da teoria da evolução, não é a mais democrática que alguém pôde um dia conceber? Sim, porque existe implícito aí um sentimento profundo de igualdade entre os seres e de ausência de distinção de "classes", que é apanágio da maneira democrática de viver.

Ainda na Universidade de Vermont, um outro estudo ajudou a fixar a direção dos interesses intelectuais de Dewey. Trata-se do exame detalhado do *Curso de Filosofia* de Augusto Comte conforme o condensado de Harriet Martineau. É o próprio Dewey que nos afirma que não tem lembrança de que a lei dos três estados o tenha afetado particularmente, mas antes a idéia da necessidade de encontrar uma função social para a ciência, como um meio de evitar a desorganização da vida social existente[21]. Nesse sentido, julgamos de grande importância ressaltar que se a lei dos três estados não o afetou particularmente, também não passou de todo desapercebida de seus mais sérios propósitos. Em seu livro *A Busca da Certeza*, Dewey nos dá nítida impressão de que conta com o apoio, mesmo que seja inconsciente, do esquema positivista da lei dos três estados de Augusto Comte. Na ver-

---

21. Cf. *idem*, p. 20.

dade, ele inicia o primeiro capítulo do referido livro com a seguinte afirmação: "O homem que vive em um mundo onde reina o azar, vê-se obrigado a buscar a segurança"[22]. Observa ainda que o homem, na tentativa de adquiri-la, entrega-se inicialmente à súplica, ao sacrifício, ao rito, ao culto mágico e à religião. Salienta, também, que a busca de segurança é tentada pelo homem inclusive tando salientar o papel desempenhado pelo estado científico ou positivo, o último da série.

Dessa forma, tudo parece ainda mais fácil, pois o livro em questão tem como um dos objetivos o de substituir a busca da certeza absoluta, por meios cognoscitivos por uma busca de segurança, por meios práticos[23]; assunto que será tratado em nosso segundo capítulo. Aí veremos como a segurança prática, aquela que diz respeito à necessidade de o homem assegurar-se dos resultados da ação, poderá finalmente ser satisfeita por um poderoso instrumento, bastante moderno por sinal, qual seja, o método científico. A respeito da atuação do referido método em meio à filosofia deweyana dedicamos o nosso terceiro capítulo em especial.

Além da influência exercida por Comte, Dewey também não escapou à exercida por Hegel. Foi na Universidade Johns Hopkins que Dewey pôde extrair da filosofia hegeliana "oferecida" por George Sylvester Morris, seu mestre de filosofia, o alimento intelectual capaz de auxiliar a consolidação de sua fé na unidade do mundo. Em suas narrações pessoais de grande importância para o nosso estudo, Dewey mostra-nos claramente a atração que a filosofia hegeliana exerceu sobre ele e explica as razões da referida inclinação:

> Há, contudo, razões subjetivas para o apelo que o pensamento de Hegel fez a mim. Ele satisfez a necessidade de unificação

22. *op. cit.*, p. 3.
23. Cf. *idem*, pp. 24-25.

que, sem dúvida, era um desejo emotivo intenso ou mesmo um apetite que somente podia ser satisfeito pelo alimento intelectual. É mais do que difícil, é mesmo impossível reviver aquela antiga disposição. Mas o sentido das divisões e separações que, suponho eu, me foram impostas como conseqüência da herança cultural da Nova Inglaterra, divisões expressas pelo isolamento do eu em relação ao mundo, da alma em relação ao corpo, da natureza em relação a Deus, ocasionou um doloroso sentimento de opressão ou melhor uma dilaceração interna. Meus primeiros estudos filosóficos tinham sido uma ginástica intelectual. A síntese hegeliana do sujeito e do objeto, da matéria e do espírito, do divino e do humano não era, contudo, mera forma intelectual; ela operava em mim como um alívio imenso, uma liberação[24].

J. E. Spenlé pode esclarecer-nos melhor a respeito da síntese hegeliana que tanto teria atraído o nosso autor, conforme seu próprio depoimento. Explica-nos Spenlé que a filosofia hegeliana consiste na compreensão daquilo que é já presente e real e não na construção de um além quimérico[25]. Na verdade, semelhante concepção do papel da filosofia não é nada estranha aos propósitos de Dewey que sempre pretendeu colocar tão importante instrumental a serviço dos problemas reais do presente. Além disso, Spenlé vê na filosofia hegeliana a expressão clara de uma necessidade de conciliar as exigências da fé com aquelas próprias da razão. Afirma ele que "...assim, a religião e a filosofia não constituem dois mundos separados, duas verdades distintas"[26]. Nada mais adequado aos propósitos de alguém como Dewey, que faz por espe-

---

24. "From Absolutism to esperimentalism", *in* G. P. ADAMS e W. P. MONTAGUE, *Contemporary American Philosophy*, vol. II, p. 19. O espírito de divisão e separação que nasceu no espírito do autor, fruto da herança cultural da Nova Inglaterra, prende-se exclusivamente às soluções puramente contemporâneas defendidas na Universidade de Vermont, tais como: intuicionismo escocês, empirismo inglês e idealismo neokantiano, todas elas responsáveis por aquela opressão penosa e ainda dilaceração interna sofridas por Dewey devido a incompatibilidade total dessas soluções com aquele desejo de unificação referido pelo mesmo (cf., *idem*, p. 13).

25. Cf. *La Pensée Allemande de Luther a Nietzsche*, Paris, Livrairie Armand Colin, 1955, pp. 111-112.

26. *Idem*, p. 113.

lhar em sua filosofia as exigências próprias do seu credo democrático. Nesse sentido, julgamos de grande importância fazer uma ressalva: não pretendemos comparar aquilo que constitui o verdadeiro objeto de fé para Hegel e para Dewey, mas simplesmente tentamos mostrar que tanto um quanto o outro parecem não admitir a existência de qualquer defasagem entre as exigências da fé e da razão, pois ambos parecem ansiar fervorosamente por um mundo uno. Na verdade, a síntese entre ideal e real, espírito e natureza oferecida por Hegel não podia mesmo ser uma mera fórmula intelectual porque parecia preencher plenamente seu intenso desejo emocional de unificação. Tratava-se de um apoio racional, é bem verdade, mas este adquiriu tanto maior força quanto mais conseguiu preencher as suas aspirações fervorosas de unidade. Foi nesse sentido que o conhecimento de Hegel deixou um depósito permanente em seu pensamento[27]. Semelhante influência se une à de Huxley e Darwin no sentido de configurar o princípio de continuidade como o fundamento do pensamento deweyano. Deledalle sugere que isso só foi possível graças aos *Princípios de Psicologia* de William James[28]. Jane Dewey em seu ensaio biográfico também observa que os *Princípios de Psicologia*, de William James, foram em grande parte a maior influência singular para mudar a direção do pensamento filosófico de Dewey[29].

A natureza da influência de James pode ser ainda mais bem apreendida a partir do ensaio de Dewey "Do

---

27. Cf. JOHN DEWEY, "From Absolutism to Experimentalism", *in* G. P. ADAMS e W. P. MONTAGUE, *Contemporary American Philosophy*, vol. II, p. 21.

28. Julgamos interessante transcrever literalmente o texto: "São sobretudo os *Princípios de Psicologia* de William James que, em 1890, apoiaram a convicção deweyana de que uma só psicologia, uma só pedagogia e, em definitivo, uma só filosofia era possível, aquela que respeitasse o princípio biológico (Huxley e Darwin) e metafísico (Hegel) de continuidade" (GÉRARD DELEDALLE *La Pédagogie de John Dewey*, p. 20).

29. *Op. cit.*, p. 23.

Absolutismo ao Experimentalismo" anteriormente citado. Esse artigo estabelece que há duas tendências irreconciliáveis nos princípios de James. Uma origina-se da visão tradicional da psicologia como teoria da "consciência", a outra surge da teoria psicológica muito mais objetiva por ser fundamentada na biologia e de onde deriva sua concepção biológica da mente. É a respeito dessa última que Dewey escreve:

> Duvido que tenhamos até o momento começado a realizar tudo o que devemos a William James pela introdução e uso dessa idéia. (...) De qualquer modo, ela penetrou mais e mais em todas as minhas idéias e atuou como um fermento na transformação de velhas crenças[30].

Como James, Dewey aceita, em sua permanência na Universidade de Chicago, a definição de psicologia como ciência da consciência. Afirma, então, que o processo de consciência deveria ser estudado não somente como fatos existenciais, mas também como participante da vida do indivíduo em sua adaptação ao meio[31]. Podemos aqui entrever elementos que vão colaborar na solidificação daquele princípio da filosofia de Dewey que defende a existência de uma continuidade no relacionamento entre o indivíduo e o meio, entre o homem e o mundo.

O modelo biológico de adaptação do homem ao meio, requerido por Dewey para explicar o desenvolvimento das ações humanas, mesmo as de níveis culturais mais elevados, constitui um apoio racional dos mais sólidos para a consolidação da continuidade entre natureza e experiência. No entanto, o seu exame mais detalhado será objeto de nossa atenção em nosso segundo capítulo. Tudo isso sem perder de vista o fato de que James, embora ten-

---

30. "From Absolutism to Experimentalism", in G. P. ADAMS e W. P. MONTAGUE, *Contemporary American Philosophy*, vol. II, p. 24.
31. Cf. ROBERT S. WOODWORTH, *Contemporary Schools of Psychology*, 8. ed., London, Methuen & Co. Ltd., 1960, pp. 30-31.

do exercido influência sobre Dewey no sentido da aprovação da referida continuidade, ele próprio, não deixou de admitir a separação – senão ontológica, pelo menos funcional – entre a consciência e o mundo.

Uma outra influência na vida do autor, esta agora derivada de sua residência em Chicago e não de seu professorado junto à universidade, foi o seu interesse pela Hull House. Pelo que nos é dado saber, a Hull House era um estabelecimento social, um lugar no qual pessoas de todos os tipos e crenças se reuniam para discutir os mais diferentes assuntos em condições de igualdade. Os Dewey eram assíduos freqüentadores e formaram um relacionamento bastante estreito com muitas pessoas que freqüentavam a casa especialmente, Jane Addams. Ninguém se interessava como cada um vivia fora dali, mas uma vez ali dentro interessavam-se por viver juntos da melhor forma possível. Aprendiam assim, especialmente, que a democracia é um modo de vida, o único verdadeiramente moral e humano e não uma invenção político-institucional[32]. É a própria Jane M. Dewey quem observa: "A fé de Dewey na democracia como uma força orientadora na educação adquiriu um significado mais agudo e mais profundo devido à Hull House e a Jane Addams"[33]. Fizemos questão de salientar o papel dessa "instituição" no sentido de mostrar como ela aprofundou mais e mais a convicção deweyana de que a única forma digna de associação humana é a democrática. Isso porque não podemos nunca perder de vista que, no todo do seu pensamento, as forças que o influenciaram vieram, segundo ele próprio nos diz, muito mais de pessoas e situações do que de li-

---

32. Cf. JANE M. DEWEY, *op. cit.*, p. 29.
33. *Idem*, p. 30.

nos diz, muito mais de pessoas e situações do que de livros[34].

4. A Base Social dos Dualismos e a Continuidade entre Experiência e Natureza

Ao elaborarmos algumas considerações a respeito de certas influências sobre o pensamento deweyano, não o fizemos com o objetivo de reconstruir a evolução do mesmo desde as suas origens até o momento final; se assim o fizéssemos estaríamos contrariando afirmações contidas em nossa nota introdutória, onde declaramos claramente que não seria essa a nossa meta. Enfatizamos tais influências com vistas a mostrar algumas dentre as inúmeras raízes do princípio de continuidade. Além disso, já procuramos ressaltar anteriormente algumas características importantes do ambiente em que o autor foi criado, no sentido de alimentar a sua fé na democracia. Julgamos oportuno, agora, esclarecer os motivos pelos quais nos decidimos a encarar o princípio de continuidade como o apoio teórico da fé prática que o autor nutre pela democracia, esta sim, a nosso ver, a única razão de ser de sua filosofia. Dewey atribui ao referido princípio uma importante missão, qual seja, a de responder diretamente pela extinção dos dualismos que povoaram os sistemas filosóficos clássicos[35].

Como pôde Dewey explicar o aparecimento desses verdadeiros fantasmas capazes de assombrar a filosofia até nossos dias? Salienta o autor que na base de todos os

---

34. Cf. JOHN DEWEY, "From Absolutism to Experimentalism", *in* G. P. ADAMS e W. P. MONTAGUE, *Contemporary American Philosophy*, vol. II, p. 22.

35. O autor deixa bem clara a sua intenção ao afirmar: "O principal obstáculo para um criticismo mais efetivo dos valores correntes repousa na separação tradicional entre natureza e experiência. É propósito deste volume substituí-la pela idéia de continuidade", (*Experience and Nature*, Chicago, Open Court Publishing Co., 1926, p. IX).

dualismos que envolvem os principais problemas da filosofia, tais como espírito e matéria, mente e corpo, o eu e o mundo, o indivíduo e suas relações com os outros, etc., encontramos uma suposição fundamental. Esta encontra-se expressa na afirmação de um isolamento da mente em relação à atividade que envolve condições físicas, órgãos do corpo, aplicações materiais e objetos naturais, ou melhor dizendo, na separação entre teoria e prática, conhecimento e ação[36]. Sob o ponto de vista prático, tal isolamento foi causado pelas divisões da sociedade em classes e grupos rigidamente separados, ou melhor dizendo, pela obstrução de interações sociais flexíveis.

Essas rupturas sociais de continuidade – acentua Dewey – tiveram formulação intelectual em vários dualismos ou antíteses – tais como a do trabalho e lazer, atividade prática e intelectual, homem e natureza, individualidade e associação, cultura e vocação[37].

Então, o círculo se fecha. Se o problema prático referente à livre comunicação entre os membros de uma sociedade responde pela formulação intelectual de dualismos e antíteses, como vimos, então a conduta prática deverá ser de molde a impedir semelhante obstrução do intercâmbio social, pois só assim poder-se-á evitar a separação entre teoria e prática, conhecimento e ação que, segundo o autor, está implicitamente suposta na formulação teórica dos dualismos. Como prova mais sólida de que a distinção entre teoria e prática, conhecimento e ação assenta-se, para Dewey, em base social, insistimos em citar a seguinte afirmação do filósofo:

A filosofia tradicional está respaldada pela persistência de condições sociais das quais surgiu *originalmente* a fórmula do dualismo entre teoria e prática, a saber, essa hierarquia familiar

36. Cf. *The Quest for Certainty*, p. 24.
37. JOHN DEWEY, *Democracy and Education*, p. 377.

que vem das atividade que vão das servis e mecânicas às liberais, livres e socialmente estimadas[38].

É justamente tendo em vista esse aspecto social da questão que Dewey faz, através da sua filosofia, a apologia de um mundo ou de uma sociedade onde a interação entre os homens venha a ser a mais "ativamente contínua" possível. Isso porque é somente com base no esforço cooperativo que o homem pode atuar tendo em vista a realização máxima do bem comum, que, conforme veremos, traduz-se no restabelecimento da mais harmoniosa continuidade entre o homem e a natureza. É então, nesse sentido, que dizemos que a medida teórica correspondente a essa medida prática diz respeito à formulação de um princípio, o de continuidade, este sim, capaz de substituir a idéia de separação pela de continuidade entre experiência e natureza. Podemos já começar a perceber como, em verdade, a prática conduz à teoria.

Como sabemos, todos os dualismos, qualquer que seja a forma pela qual se expressem: mente-corpo, espírito-matéria, sujeito-objeto, homem-mundo, sobrenatural-natural, apresentam uma característica comum, isto é, criam um verdadeiro abismo entre a mente que conhece e o mundo a ser conhecido. A partir dessa separação surge a dificuldade de comunicação entre ambos. Para reparar esse mal, Dewey reconhece a origem, o lugar e a função da mente na natureza. Afirma com clareza: "Ver o organismo na natureza, o sistema nervoso no organismo, a mente no sistema nervoso, o córtex na mente é a resposta para os problemas que perseguem a filosofia"[39]. Como pudemos perceber, a natureza inclui em seu seio o homem em todas as suas fases de desenvolvimento. O seu crescimento é um acontecimento natural, sua vida é um processo natural, sua morte, um fato tão natural quanto

---

38. *The Quest for Certainty*, pp. 76-77. (O grifo é nosso.)
39. *Experience and Nature*, p. 295.

seu nascimento. E a sua mente também não escapa às tramas dessa imensa rede natural; esta nada mais é do que um tipo de conduta do organismo humano que não apresenta diferença total de classe, com relação às condutas biológicas e físicas[40].

Temos a impressão de que um princípio verdadeiramente democrático parece reger todos os acontecimentos naturais em suas interações entre diferentes níveis de complexidade, mas que por sua vez não acarretam diferença total de classe. Talvez pudéssemos mesmo localizar aí a influência do estudo que Dewey fez do evolucionismo por intermédio de Huxley, isto é, aquela noção bastante atraente da interconexão dos seres no mundo, responsável pelo despertar de um "interesse filosófico distinto". A nosso ver, foi justamente a estrutura geral democrática, peculiar a essa teoria da evolução universal, que atraiu a atenção de nosso autor, tão sedento de ver o mundo integrado num único todo. A esse respeito julgamos oportuno citar suas próprias palavras: "Não existe qualquer sentido em perguntar-se como os indivíduos vêm a associar-se. Eles existem e operam em associação. Se há qualquer mistério a esse respeito é o mistério de que o universo é o tipo de universo que é"[41]. É assim que Dewey parece encontrar verdadeira satisfação em poder dizer: "O homem, como criatura natural, atua do mesmo modo que atuam as massas e as moléculas; vive como vivem os animais, comendo, lutando, temendo, reproduzindo-se"[42]. Isso porque o universo a que se refere parece espelhar uma organização das mais democráticas, onde cada ser encontra-se na mais harmoniosa continui-

---

40. Dewey salienta: "A distinção entre físico, psicofísico e mental é, então, a de níveis de complexidade crescente e intimidade de interação entre acontecimentos naturais" *idem*, p. 261).

41. *The Public and its Problems*, New York, Henry Holt & Co., 1927, p. 12.

42. *The Quest for Certainty*, pp. 296-297.

dade com os demais, na medida em que ao desempenhar cada um a sua função específica todos acabam cooperando mutuamente com vistas a manter o equilíbrio harmonioso do todo.

Se o princípio democrático se apóia na idéia de igualdade, isso não acontece sem o beneplácito de outra idéia ainda mais cara aos seus propósitos, qual seja, a idéia de liberdade. Dessa forma, parece possível a Dewey pretender reintegrar o homem e tudo o que lhe pertence na estrutura geral da evolução universal, sem todavia roubar-lhe o que o distingue e o exalta entre os seres vivos[43]. O homem é uma criatura natural, no entanto, esse fato não o impede que, ao viver, algumas de suas ações procurem entendimento e adquiram sentido, uma vez que se convertem em sinais umas das outras. Nada pode impedir que suas atividades alcancem, então, uma qualidade ideal[44]. Então, se de um lado o autor advoga a mais harmônica continuidade entre o homem e a natureza (tendo como apoio a igualdade dos seres dentro do processo da evolução), de outro, reconhece as extraordinárias diferenças que caracterizam as atividades e as realizações dos seres humanos em relação às outras formas biológicas[45], diferenças essas previstas, segundo Dewey, pela liberdade que permeia o relacionamento entre os membros da "sociedade universal".

A natureza inclui em seu ser níveis qualitativamente diferenciados de interações entre os acontecimentos naturais, que traduzem maneiras distintas de participar do curso dos eventos. Como argumenta Dewey, a distinção significativa não é mais entre aquele que conhece e o mundo, ela é entre diferentes maneiras de ser dentro do

---

43. Cf. *Experience and Nature*, pp. ii-iii.
44. Cf. JOHN DEWEY, *The Quest for Certainty*, p. 297.
45. "Não existe – acentua Dewey – um salto brusco do meramente orgânico ao intelectual, nem tampouco uma assimilação completa do último aos modos primitivos do primeiro" (*idem*, p. 231.)

movimento das coisas, entre um modo físico bruto e um modo inteligentemente definido[46]. Esse modo inteligente envolve uma forma peculiar de interação entre a criatura viva e o seu meio ambiente. A referida peculiaridade expressa-se na busca de certos fins e na escolha de meios para atingi-los[47]. Em meio a esse território natural, orientado basicamente por princípios democráticos, o menor acontecimento deve ter uma missão a cumprir em benefício da harmonia do todo. Sendo assim, a conduta inteligente do animal humano, respondendo a significados e não apenas reagindo a contatos físicos, tem como tarefa modificar o mundo em função desses significados. Como não poderia deixar de ser, as possíveis modificações estão sob o manto protetor da natureza. Dewey declara: "A natureza possui uma ordem inteligível no grau em que nós, graças às nossas operações externas, realizamos as possibilidades que contém"[48].

Dewey enriquece ainda mais o potencial da natureza, uma vez que não deseja roubar do homem seus valores mais caros. Desse modo, não podemos estranhar o fato de sustentar:

> A natureza, portanto, proporciona material potencial para a encarnação de ideais. A natureza, se me permite a expressão, é idealizável. Presta-se para certas operações com as quais se aperfeiçoa. O processo não é passivo. Ou melhor, a natureza proporciona, não tanto gratuitamente quanto em resposta a uma busca, meios e materiais com os quais incorpora à existência os valores que a nosso juízo possuem uma qualidade suprema. Pela escolha o homem decide o emprego do que a natureza lhe fornece e estabelece seus fins[49].

O ajuste entre o homem e a natureza é tão perfeito a ponto de esta proporcionar meios para incorporar valores,

---

46. Cf. *idem*, pp. 290-291.
47. *Idem*, p. 246.
48. *Idem*, p. 215.
49. *Idem*, p. 302.

que são caros ao homem. E o que é mais importante é que ela o faz em resposta a uma busca do homem. Creio que podemos começar a desconfiar de uma tal natureza, tão sábia a ponto de oferecer ao homem precisamente aquilo que ele deseja encontrar. Dessa forma, o fato de dizermos que a natureza inclui não somente as coisas, como também as relações, a mudança como a permanência, a espontaneidade como a necessidade, o regular como o novo, a morte como o nascimento, os elementos permanentes como os acontecimentos em mudança, não esgota todo o significado da palavra dentro do pensamento deweyano. A nosso ver, estamos diante de um panorama inteiramente relativo ao discurso humano. E, nesse sentido, George Santayana expressa-se muito bem ao dizer: "Natureza, aqui, não é um mundo mas uma estória"[50].

Na verdade, esse é o resultado para quem, como Dewey, pretendeu substituir todos os dualismos pela idéia de continuidade entre natureza e experiência[51]. Fruto desse propósito, ele naturalizou o homem, colocando-o no seio da natureza como mais um elemento dentre outros. No entanto, ao reconhecer as extraordinárias diferenças que marcam as realizações humanas, foi obrigado a dilatar o mundo da natureza a tal ponto que não estabeleceu simplesmente a continuidade entre os dois mundos, o da natureza e o da experiência, mas os fundiu a ambos. Assim, podemos afirmar que tudo é natural, pois, à primeira vista, a natureza impera. Todavia, ela não está só; para ser, precisa ser experimentada pelos seres humanos[52]. Afinal, de acordo com Dewey: "Fazer uma apreciação justa de alguma coisa é dizer como essa coisa aparece em

---

50. "Dewey's Naturalistic Metaphysics", *in* P. A. SCHILPP, *The Philosophy of John Dewey*, p. 253.
51. Cf. *Experience and Nature*, p. IX.
52. Cf. JOSEPH L. BLAU, *Filósofos y Escuelas Filosóficas en los Estados Unidos de América*, versión española por el professor Tomás Avendaño, México, Ed. Reverté S.A., 1957, p. 364.

nossa experiência"⁵³, ou seja, é dizer de nossa prática e não de seu ser. É como se, parodiando Berkeley em seu famoso "ser é ser percebido", – pudéssemos dizer: ser é ser experimentado. Isso porque, se tudo é natural e se o natural é aquilo que é experimentado como existente, então, a própria realidade, que se inclui na afirmação de que tudo é natural, consiste por sua vez naquilo que é experimentado como existente. Sendo assim, experiência não é, como quer Dewey, um simples meio de penetração contínua e profunda no coração da natureza⁵⁴, mas ela resume tudo o que pode existir nesse mundo criado por Dewey. A nosso ver, natureza é experiência. É ele mesmo quem nos diz:

> Nem o eu nem o mundo, nem a alma nem a natureza (no sentido de algo isolado e acabado em seu isolamento) constituem o centro, como tampouco a Terra e o Sol constituem o centro de um sistema universal e necessário de coordenadas. Temos um todo movente de partes interatuantes, surge um centro ali, onde surge um esforço para mudá-las em uma direção particular⁵⁵.

De onde provém esse esforço capaz de mudança, senão da experiência humana, a única capaz de responder a significados e de propor fins para sua direção? Então, podemos completar: natureza é experiência humana. Isso porque, talvez, não seja de todo possível naturalizar o homem sem humanizar a natureza⁵⁶.

Indo mais além em nossa análise do propósito deweyano de banir os dualismos, tão perniciosos ao pensar filosófico, podemos dizer que, de fato, houve uma substi-

---

53. "To give a just account of anything is to tell what that thing is experienced to be", "The Postulate of Immediate Empiricism", *in The Influence of Darwin on Philosophy*, Bloomington, Indiana University Press, 1965, p. 234.
54. Cf. *Experience and Nature*, p. iii.
55. *The Quest for Certainty*, p. 291.
56. Cf. MAX H. FISCH, *Classic American Philosophers*, New York, Appleton-Century-Crofts, Inc. 1951, p. 21.

tuição, mas não aquela tão almejada pelo autor. Na realidade, ele fundiu todos os dualismos ao colocar como centro do seu mundo a experiência inteligente do homem, a única capaz de alterar o curso dos acontecimentos em função de fins definidos. Ele substituiu, portanto, a separação entre experiência e natureza, não pela idéia de continuidade entre ambas, mas pela fusão de ambas em um único conceito: o de experiência humana. A partir dessa fusão, foi fácil para ele "encontrar" a continuidade entre os dois mundos antes separados. Desaparece, assim, o abismo entre o pensamento e a realidade. E, assim sendo, o homem não se dissolve em meio ao processo contínuo da evolução universal, mas pelo contrário é o próprio elemento controlador do referido processo graças à sua experiência distintivamente inteligente. Tudo isso ocorreu, tendo em vista o aspecto teórico da questão do saneamento dos dualismos, ou melhor dizendo, tendo em vista o apoio racional de que seu pensamento parecia carecer em sua busca fervorosa de unidade.

Com relação ao aspecto prático da questão, conforme salienta o próprio Dewey, as separações e isolamentos inerentes aos dualismos, encontram suas causas nas divisões da sociedade em classes ou grupos demarcados rigidamente, acarretando com isso obstrução das interações sociais flexíveis[57]. Sendo assim, temos toda a permissão do autor para dizer que toda essa construção racional que envolve até o princípio de continuidade colocado em seu ápice apóia-se numa concepção democrática da sociedade, a única, segundo Dewey, incompatível com as divisões, com as separações tão perniciosas à vida e, portanto, ao pensamento filosófico.

Podemos, então, unir os dois aspectos da questão, o teórico e o prático, dizendo que, se a experiência inteligente do homem é o centro do mundo criado por Dewey,

---

57. Cf. *Democracy and Education*, pp. 376-377.

ela o é graças aos princípios verdadeiramente democráticos que a sustentam. Sim, ela é um elemento comum a todos os seres humanos. E, assim, pode apoiar a fé democrática na capacidade que os seres humanos possuem de julgar e agir com inteligência, desde que lhes sejam oferecidas condições apropriadas. Independentemente da qualidade ou quantidade de talento pessoal, todos têm direito a igual oportunidade de compartilhar, por meio da inteligência comum a todos, da construção do bem comum. Isso porque democracia é a confiança na natureza do homem tal qual se apresenta, independentemente de raça, cor, sexo, nascimento, família e riqueza material ou cultural[58].

Se a grande questão do pensamento deweyano parecia ser, conforme dissemos, a da conciliação entre teoria e prática, conhecimento e crença, fé e razão, ela já foi "resolvida". É como se a conciliação dos contrários, excepcionalmente nesse caso, tivesse um final satisfatório. Sim, porque conforme ele próprio afirmou, qualquer experiência religiosa, autenticamente sólida, pode e deve adaptar-se a quaisquer crenças a que formos intelectualmente autorizados a aderir[59]. No entanto, a nosso ver, este não é um caso excepcional de conciliação, porque nem mesmo chegaram a existir os opostos ou os contrários, pois o próprio intelecto só pode autorizar a adesão a crenças, conforme ele próprio salienta. Além do que, teremos ocasião de demonstrar no capítulo seguinte como todo conhecimento, para o autor, nada mais é do que uma simples adesão a crenças. Da mesma forma que toda a construção teórica do autor não tem outra função que a de justificar racionalmente a adesão à crença fundamental

---

58. Cf. JOHN DEWEY, *Individualism Old and New*, New York, Minton Balch & Co., 1930, p. 17.

59. Cf. JOHN DEWEY, "From Absolutism to Experimentalism", in G. P. ADAMS e W. P. MONTAGUE, *Contemporary American Philosophy*, vol. II, pp. 19-20.

na democracia. Afinal, a experiência humana colocada no centro do mundo construído por Dewey não é outra senão a democrática. Esta, sim, deverá nortear os destinos desse mundo porque ele próprio nada mais é do que o produto de uma crença "religiosa" na democracia, como o único modo de vida digno de ser vivido pelo homem, na medida em que se coaduna com os requisitos exigidos pelo próprio processo de evolução universal.

Em nosso próximo capítulo veremos como o homem desenvolve a atividade que lhe é mais cara, qual seja, a atividade do pensamento em busca daquilo que é verdadeiro e bom dentro dos limites desse mundo. Salientaremos também como a fé deweyana na natureza humana, junto com a crença na democracia, como única forma de vida digna do ser humano, fundamentam o critério, o único critério para a determinação do que é verdadeiro e bom para o homem desse mundo.

2. A BUSCA DA SEGURANÇA PRÁTICA

Vimos no capítulo anterior como aquela sede de unidade, revelada pelo autor muito precocemente, encontrou expressão máxima na necessidade teórica de substituir a idéia de oposição entre experiência e natureza pela idéia de continuidade. Vimos, também, como o autor encontra as raízes dessa oposição na separação consagrada pelos filósofos clássicos entre teoria e prática. Dizemos consagrada, porque em verdade essa separação originou-se, segundo o autor, de certas e determinadas condições sociais nas quais as atividades teóricas eram estimadas e as práticas eram desprezadas. Nesse sentido, essa separação é considerada o verdadeiro fruto de uma sociedade que não permite qualquer flexibilidade nas interações sociais.

É como se aquela necessidade teórica de estabelecer a continuidade entre experiência e natureza encontrasse seu apoio verdadeiro na necessidade prática de impedir a obstrução do livre intercâmbio dos indivíduos em sociedade. Sendo assim, o único remédio prático para o grande mal está no estabelecimento de uma organização social que seja compatível com as interações sociais flexíveis. Estamos falando, com todo o consentimento do autor, da sociedade democrática – a única capaz de permitir a livre comunicação entre os indivíduos. Comunicação esta, de tal forma vital aos indivíduos, que faz da democracia a única forma de vida digna do ser humano. Afinal, ela espelha o modo de viver do próprio organismo humano e porque não dizermos: ela espelha a vida em sua organização perfeita. Pelo menos, é isso que Dewey procura salientar-nos quando se refere ao estudo que fez da evolução universal, conforme vimos no capítulo anterior. Afirma o autor que subconscientemente foi levado a desejar um mundo e uma vida que tivessem as mesmas propriedades do organismo humano, de acordo com a imagem que formulou a partir de um curso de Huxley[1]. De acordo com o comentário que fizemos a esse respeito, nada pode mesmo funcionar mais democraticamente do que o próprio organismo humano. É justo, pois, que Dewey encontre aí apoio mais sólido às suas idéias.

O modo teórico de sanar o grande mal está, como vimos, no ato de colocar a experiência inteligente do homem no centro desse mundo, que prima pela necessidade vital de ser uno. Referimo-nos ao único mundo que tem sentido para o autor, isto é, aquele que está qualificado e valorizado pelo homem. Isso porque somos nós que lhe atribuímos os valores que nos apresenta como se os gerasse em seu seio. É como se nele pudéssemos colocar em relevo as coisas que nos interessam, deixando de lado as que não nos interessam. A cooperação típica do modo

---

1. Cf. "From Absolutism to Experimentalism", *in* G. P. ADAMS e W. P. MONTAGUE, *Contemporary American Philosophy*, vol. II, p. 13.

democrático de viver impera neste mundo, na medida em que nós mesmos contribuímos para a sua realização. Assim é porque realidade e pensamento fazem parte de um só processo, o único perfeitamente contínuo na sua unidade, qual seja, o processo da vida. Não podemos nos esquecer da influência evolucionista na filosofia de Dewey: o pensamento é um órgão vital tanto quanto os demais órgãos. Se as coisas experimentadas por ele configuram um autêntico mundo real, então, a realidade também é um órgão vital. Ambos são instrumentos que cooperam na vida, o que explica a designação de instrumentalismo para a interpretação que Dewey dá ao pragmatismo.

1. O Pragmatismo e sua Oposição ao Critério Clássico de Verdade

O propósito deweyano fundamental de reintegrar a atividade do homem na estrutura geral da evolução universal, contando com o apoio do darwinismo, salienta que a espécie humana proveio de animais inferiores, e as ações humanas, mesmo as superiores em nível de cultura, desenvolvem-se gradualmente a partir do mesmo processo original de adaptação do organismo animal ao seu ambiente natural. É assim que em função desse modelo biológico de adaptação do homem ao meio, todas as ações humanas permanecem essencialmente similares em forma e função às do processo orgânico de onde se originaram. O autor declara:

...a interação do organismo e do meio, levando a certa adaptação que assegura a utilização deste último, é o fato primeiro, a categoria fundamental. O conhecimento está relegado a uma posição derivada, secundária por origem, implicada no processo em virtude do qual se mantém e se desenvolve a vida[2].

2. JOHN DEWEY, *Reconstruction in Philosophy*, New York, The New American Library, 1954, p. 87.

O pensamento não passa de um instrumento de ajuste ou de adaptação a uma situação ambiental particular. Sua função não é especulativa, é antes prática: refere-se a algo que está por ser feito. Sua origem prende-se a uma perturbação sofrida pelo organismo, que necessita restabelecer seu equilíbrio com o meio[3]. Como podemos perceber, na origem de tudo está a ação do organismo que controla o meio circundante[4]. Estamos falando daquela ação exercida por aquele órgão vital, o pensamento. A relação pensamento-ação é esclarecida por Dewey na frase: " 'Pensamento' não significa uma propriedade de algo chamado intelecto ou razão, separado da natureza. É um modo de ação externa, dirigida"[5]. As idéias, de acordo com esse modelo biológico de adaptação do homem ao meio, também nada mais são do que planos de ação, especificação de certas operações que vão ser executadas[6], operações estas de primordial importância para aquele processo de adaptação, em virtude do qual se mantém e se desenvolve a própria vida. A idéia verdadeira não é mais a idéia conforme as coisas, a idéia imagem ou cópia dos objetos, representação mental das coisas. O que deve ser levado em conta é o emprego que fazemos da realidade. Segundo Dewey "...de um modo geral, os homens são feitos mais para agir do que para teorizar"[7].

A verdade não está fora desse processo de interação, que se desenvolve entre o homem e o meio. Na verdade,

---

3. Cf. *Idem*, pp. 198 e 212.
4. "Ação – expõe Dewey – é um meio com o qual se resolve uma situação problemática... A interação é uma característica universal da existência natural. A 'ação' é o nome que damos a uma classe dessas interações, nome que procede do ponto de vista de um organismo. Quando a interação traz como conseqüência a coordenação das condições futuras, nas quais acontece um processo vital, temos um 'ato'." JOHN DEWEY, *The Quest for Certainty*, pp. 244-245.
5. *Idem*, p. 166.
6. Cf. *idem*, pp. 166-169.
7. *Idem*, p. 281.

nada pode fugir a esse entrelaçamento, que, como vimos, faz parte do processo pelo qual a própria vida se conserva e evolui. Assim é que a verdade não antecede ao ato humano que a formula pela primeira vez. Pelo contrário, ela depende mesmo do ato que a constrói e a cria. Isso porque ela se desprende da experiência humana, que, por sua característica distintivamente inteligente, é capaz de realizar as possibilidades que a natureza contém. Ao realizar tais possibilidades, a experiência constrói o próprio mundo real, o mundo da natureza, como quer o autor. É como se esse processo de construção do mundo coincidisse com o processo de criação ou invenção da verdade. Um e outro são uma e mesma coisa, porque esse mundo a que nos referimos está constituído por um sistema de valores que outorgamos às coisas, e, dessa forma, elas mesmas podem nos dizer da verdade de nosso pensamento e de nossas idéias. "A verdade – ressalta Dewey – pertence à existência, mas não existe como tal (...) verdade é um aspecto da experiência, e, portanto, é imperfeita e limitada pelo que lhe falta incluir"[8]. Por esse motivo, quanto maior número de conexões e interações estabelecermos, tanto melhor poderemos conhecer o objeto em questão. A verdade não existe, é construída em determinado momento, é fruto mesmo de uma situação definida e só tem sentido dentro das condições que lhe deram origem[9]. Ela nada mais é do que uma relação experimentada de coisas e não representa qualquer significado fora dessa relação. Esse modo de conceber a verdade também está bem enquadrado nos moldes democráticos, sob os quais, pretendemos mostrar, alicerça-se o mundo criado por Dewey. Não há uma verdade única, pelo contrário, ela é criada em função de determinadas situações daquele pro-

---

8. "The Intelectualist Criterion for Truth", in *The Influence of Darwin on Philosophy*, p. 118.
9. Cf. *idem*, pp. 95-107.

cesso vital de interação entre o indivíduo e o meio. Verdade e realidade caminham pari passu com a experiência humana. À medida que esta se estende, a realidade, que não é algo fixo e contido dentro de limites estreitos, enriquece-se ao incluir em seu seio novas verdades. A nosso ver, estamos diante de um sentimento muito vivo da diversidade dos espíritos e, conseqüentemente, da diversidade de opiniões e crenças, enfim, do caráter vivente da verdade. Sentimento este que expressa claramente a experiência democrática de viver.

2. A Sociedade Democrática e o Modelo Biológico de Adaptação do Homem ao Meio

A partir deste momento, julgamos necessário retroceder um pouco em nossa análise, com o fito de focalizar melhor o modelo biológico de adaptação do organismo humano ao meio, no que se refere aos alicerces que apóiam a sua aplicação eficaz dentro do pensamento deweyano. Sabemos que em Darwin a adaptação biológica aparece concebida simplesmente como précondição de sobrevivência. Porém, sobrevivência significa nada mais que a continuação da existência. E, assim, podemos perguntar: Para que continuar a existir? Qual o significado da existência? A nosso ver, é justamente aqui que entra em ação a fundamentação social que Dewey pôde atribuir a esse modelo biológico de adaptação, que, como tal, é neutro e se presta aos mais diferentes propósitos. Esse modelo presta-se à inclusão dos reflexos de uma sociedade, que considera o homem como um agente controlador da natureza. Dessa forma, desloca a tensão da polarização homem-outros homens para aquela que se refere aos problemas do homem em sua relação com a natureza[10]. Assim sendo, esse mesmo modelo contribui para re-

10. Cf. WRIGHT C. MILLS, *Sociology and Pragmatism*, 2. ed. New York, Oxford University Press, 1966, pp. 380-382.

duzir ao mínimo as rígidas divisões em classes ou grupos dentro da sociedade. Além disso, fazendo da inteligência o verdadeiro e único instrumento para resolver as situações-problema do homem em sua interação com o meio, coloca todos em plano de igualdade. Todos são responsáveis pela condução de seus destinos particulares desde que mantenham em vista a realização do bem comum. Por outro lado, exige de todos a devida tolerância para com as diferenças de opiniões e crenças.

Parece caracterizar-se assim uma sociedade democrática que atua sob a adoção, por parte do autor, do modelo biológico de adaptação do homem ao meio. Tudo isso está bem de acordo com a atitude que Dewey tomou frente aos males que a separação entre experiência e natureza parecia causar. Mais precisamente, quando admitiu que, ao depositar a origem, o lugar e a função da mente na natureza, estaria acabando com a fonte de todas as separações perniciosas ao pensar filosófico. Essa foi sua medida teórica, como vimos, e a prática prendeu-se àquela necessidade de estabelecer os moldes para uma sociedade que permitisse interações sociais flexíveis. Na verdade, a medida teórica foi tomada como decorrência da medida prática – esta sim, o verdadeiro guia do pensamento do autor. Sendo assim, quando dissemos que o mundo criado por Dewey está constituído por um sistema de valores que outorgamos às coisas e que, dessa forma, elas mesmas podem nos dizer da verdade de nossos pensamentos, estávamos nos referindo aos valores pertinentes ao modo democrático de viver. Como sabemos, esse modo é o único que segue as normas da própria vida. Se as coisas que povoam esse mundo, porque são assim valorizadas, podem nos dizer da veracidade de nossos pensamentos, podem também fazer o mesmo com relação à verdade de nossa conduta. O que é verdadeiro tem sempre relação com nossa conduta, nossa ação, nossa atuação prática, enfim. Os nomes podem ser outros: verdadeiro para o pensamento e justo para a conduta; tudo é, no fundo, uma e mesma coisa. Afinal, a verdade não é uma relação experimentada de coisas?

Vejamos como tudo se comporta: a vida, não a vida em si mesma, mas a vida que se coaduna com os moldes democráticos, requer a crença em certos valores, modos de ação, objetivos que são verdadeiros porque são bons, e são bons porque tornam a vida melhor. Esses valores são aqueles que regulam a conduta[11]. Se a regulam, é sempre com vistas ao preenchimento dos requisitos próprios do modo democrático de organização da vida. Talvez seja isto que Dewey queira dizer quando afirma: "Não há valor senão quando há satisfação, porém é preciso cumprir com certas condições para que uma satisfação se transforme em valor"[12]. Isso quer dizer que os valores devem sempre estar relacionados com interesses ou preferências, embora interesses ou preferências sozinhos não constituam valores. Se eles resultam de escolhas feitas nas situações particulares da vida diária, como única garantia que temos de que assim sendo se aplicam à experiência; então, como poderá haver acordo entre as consciências, quanto ao que vale ou não, quanto ao que é bom ou não, quanto ao que satisfaz vitalmente ao homem ou não? Com efeito, estaríamos muito próximos de uma atitude cética em relação à determinação do bom e do verdadeiro, se novamente não entrasse em ação o apoio social que Dewey dá ao modelo biológico de adaptação do organismo humano ao meio em que vive. Não dissemos que a construção da verdade é concomitante com a criação da realidade, visto que ambas se prendem àquele processo de interação entre o indivíduo e o meio tão característico da experiência de vida? Sendo assim, o cami-

---

11. JOHN DEWEY, *The Quest for Certainty*, pp. 265-269.
12. *Idem*, p. 268.

nho que nos leva à verdade é o próprio caminho da vida. Mas não podemos nos esquecer de que vida quer dizer vida social, e social significa ser coerente com os princípios democráticos. Então, nada há a estranhar: a verdade mescla-se à vida, porque ela própria deriva-se dessa forma superior de vida, qual seja, a social.

De acordo com as normas da vida social, cada um tem interesse em atuar em comum com seus semelhantes para assim poder sentir-se mais forte, mais eficiente e mais útil à comunidade. Logo, não corremos mais o risco de desembocar em um verdadeiro ceticismo em relação ao que é valioso, porque a verdade de uma crença é determinada por um longo curso de experiência de vida social. Dessa forma, nada mais esclarecedor que as próprias palavras de Dewey: "A única garantia de uma investigação imparcial e desinteressada está na sensibilidade social do investigador para com as necessidades e os problemas daqueles com os quais está associado"[13].

A nosso ver, parece que se encontram expressas aqui as condições que permitem a transformação de uma satisfação em valor, uma vez que Dewey acentuou que nem toda satisfação implicará valor. Essas condições são as sociais, próprias da maneira "humana" de vida. Quando ouvirmos falar em satisfação vital como critério de determinação da verdade, já saberemos que se trata daquela satisfação peculiar aos seres humanos que vivem associados e em constante comunicação com vistas à realização do bem comum. Nesse sentido, não podemos deixar de citar mais uma vez as palavras de Tocqueville que mostram sua perspicácia na compreensão do sentido profundo do uso que os americanos fazem da associação na vida civil:

Nada existe, na minha opinião, que mereça atrair mais os nossos olhares que as associações intelectuais e morais dos Esta-

13. *Reconstruction in Philosophy*, p. 123.

dos Unidos. (...) A ciência da associação é a ciência mãe, o progresso de todas as outras depende dos progressos daquela. Entre as leis que regem as sociedades humanas existe uma que parece mais precisa e mais clara que todas as outras. Para que os homens permaneçam civilizados ou assim se tornem, é preciso que entre eles a arte da associação se desenvolva e se aperfeiçoe na mesma medida em que cresce a igualdade de condições[14].

Tudo isso parece estar implícito na definição que Dewey dá de sociedade: "Sociedade é o processo de se associar de modo tal que experiências, idéias, emoções e valores sejam transmitidos e tornados comuns"[15]. Esse é o conceito de sociedade que tacitamente está na base da continuidade do mundo criado por Dewey, continuidade esta que se evidencia entre pensamento e ação, conhecimento e crença, verdade e realidade, verdade e bem moral, etc. Aqui podemos ver mais um exemplo da eficácia do modelo biológico de adaptação, uma vez que na base deste reside a crença na mais harmoniosa continuidade entre o homem e os animais inferiores, um e outros empenhados na adaptação ao meio como condição de sobrevivência. Como sabemos, para Dewey, sobrevivência humana significa sobrevivência social, e esta significa ação fruto do pensamento inteligente do homem. Fechando o círculo, esse pensamento, como vimos, deve respeitar, como único critério para a sua atuação, as necessidades e os problemas comuns a um determinado número de indivíduos. Deve, portanto, respeitar as normas de uma sociedade que crê ter como único inimigo os obstáculos à livre comunicação.

3. A Importância da Comunicação Social e a Idéia de Liberdade

A palavra comunicação é de grande valor para Dewey, pois está implicada no processo de conhecimento e

---

14. A. DE TOCQUEVILLE, *De la Démocratie en Amérique*, vol. III, pp. 188-189.
15. *Reconstruction in Philosophy*, p. 161.

no ato de compartilhar da comunidade. "Tudo o que pode ser denominado comunidade em sentido fecundo – declara Dewey – deve possuir valores apreciados em comum. Sem eles, o chamado grupo social – a classe, o povo, a nação – tende a dividir-se em moléculas cuja união é puramente mecânica"[16]. Esses valores dizem respeito, tanto àquilo que é verdadeiro quanto ao que é bom, pois não existe qualquer defasagem entre as crenças do homem acerca do mundo em que vive e suas crenças a respeito dos valores e dos fins que devem dirigir sua conduta[17]. Como vimos, o único mundo que é levado em conta por Dewey é o mundo tal qual está qualificado e valorizado pelo homem. Após outorgar às coisas um sistema de valor, fruto daquela continuidade que admitiu existir entre experiência e natureza, ele espera que estas se tornem orientadoras de nosso pensamento e também de nossa conduta, no sentido de restabelecer a continuidade quando esta estiver ameaçada. O real é aquilo que vale. Conhecê-lo, então, implica colocar à tona seu valor, isto é, conhecer é crer em algo que tenha valor para nós. Se não existe ruptura entre as crenças do homem a respeito do mundo e suas crenças a respeito dos valores e dos fins, é porque, no fundo, todo conhecimento é uma crença, uma vez que sempre diz respeito a valores e não a fenômenos desespiritualizados. Por esse motivo, foi bastante fácil a Dewey fazer a substituição da busca da certeza absoluta, por meios cognoscitivos, por uma busca da segurança, por meios práticos[18]. As crenças intelectuais são, acima de tudo, crenças morais e como tal dizem respeito à conduta, à atuação prática. A própria crença traduz-se em ação. Afinal, a crença que não atua, não existe, é uma falsa crença.

16. JOHN DEWEY, *Freedom and Culture*, New York, G. P. Putnam's Sons, 1939, p. 12.
17. Cf. JOHN DEWEY, *The Quest for Certainty*, p. 255.
18. Cf. *idem*, pp. 24-25.

Dewey justifica, assim, os antigos que buscavam a certeza teórica:

...a razão última da busca da certeza cognoscitiva encontra-se na necessidade de assegurar os resultados da ação. Os homens convencem-se a si mesmos de que se entregam à certeza intelectual, por ela mesma, mas, em realidade, desejam-na naquilo que importa para salvaguardar o que estimam e querem. A necessidade de proteção e de êxito na ação cria a necessidade de garantir a validez das crenças intelectuais[19].

O único critério válido para a solidificação de uma crença reside na possibilidade de comunicação que ela traz consigo, no sentido de poder satisfazer as necessidades e os problemas de um grande número de indivíduos. A conduta do homem, assim regida por princípios democráticos, é, pois, uma conduta moral, a única pertinente para seres humanos. Em se tratando de conduta, o ponto de partida é – como sabemos – o modelo biológico de adaptação do homem ao mundo. "Um organismo – afirma Dewey – não vive em um meio, vive em virtude de um meio circundante"[20]. Em outras palavras, não importa que exista um mundo natural independente do organismo, e Dewey admite tal possibilidade. O importante é que esse mundo só é meio quando entra direta ou indiretamente a participar de funções vitais. Da mesma forma, o organismo só existe como tal, quando mantém conexões ativas com seu ambiente[21]. Logo, o organismo não existe como tal, senão na medida em que mantém atividade contínua com o ambiente que o cerca. Se para continuar existindo (sobrevivendo) como um elemento dentre muitos outros da escala biológica, ele precisa estar em constante interação com o ambiente, então, para con-

19. *idem*, p. 39.
20. *LOGIC The Theory of Inquiry*, New York, Henry Holt and Co., 1939, p. 25.
21. Cf. *idem*, pp. 33-34.

tinuar a existir como ser humano, dentro do seu ambiente específico, o social, o homem precisa manter-se em contínua comunicação com os outros homens.

É como se a única possibilidade de realização do eu deweyano estivesse na sua interação com a natureza e com outros homens. Dessa forma, poderíamos até mesmo dizer que nesse mundo o homem *social* é a medida de todas as coisas. Afinal, este homem tem, como medida de sua realização, a realização necessária de uma comunidade de pessoas, da qual, por sinal, participa. O homem deste mundo tem interesse em atuar em comum acordo com seus semelhantes, pois só assim pode sentir-se forte e eficiente. Afinal, não podemos nos esquecer de que este é o autor que pretende abolir todos os dualismos que perseguiram e ainda perseguem o pensamento filosófico, a partir da medida prática de construir as bases sólidas para uma sociedade verdadeiramente democrática. Nada melhor do que suas próprias palavras para esclarecer-nos: "A nossa conduta é socialmente condicionada, quer percebamos essa verdade ou não"[22]. Sendo assim, se fosse possível a um homem viver sozinho no mundo, não haveria sentido algum na interrogação: ser moral, por quê? Afinal, a moral vincula-se, fundamentalmente, às ligações ativas e recíprocas entre os indivíduos[23].

A eficiência da ação comum implica, como podemos perceber, uma comunidade de pontos de vista, de juízos, de idéias. De que modo Dewey vê nessa opinião comum não algo artificial, mas uma autoridade capaz de fazer calar as divergências entre os indivíduos, opondo-se, assim, aos particularismos dos pontos de vista individuais? A resposta parece encontrar-se na afirmação do autor de que a democracia é uma forma pessoal de vida que, ao

22. JOHN DEWEY, *Human Nature and Conduct*. New York, The Modern Library, 1930, p. 316.
23. Cf. *idem*, p. 326.

invés de nos levar a adaptar nossos próprios hábitos e disposições a certas instituições, nos faz aprender a considerá-las expressões, projeções e extensões das atitudes pessoais, habitualmente dominantes[24]. Então, quando ouvirmos falar na democracia como uma forma pessoal de vida, o que devemos levar em conta é sempre a qualidade das atividades que se inserem no eu. Estas devem ser o fruto do intercâmbio verdadeiro do eu com o ambiente. Dewey manifesta-se claramente a esse respeito, dizendo que "...enquanto seres singulares pensam, querem e decidem em sua singularidade, *o que* pensam e lutam por conseguir, o conteúdo de suas crenças e intenções é um assunto provido por associação"[25]. O fato valorizado é sempre o conteúdo da experiência e não a sua localização ou a sua morada[26]. Sendo assim, em nenhum momento podemos dizer que o eu deweyano "é", pois ele está sempre em contínua atividade. É como se ele se refizesse a cada ato que executasse e só assim deixasse transparecer seu caráter de unidade e integridade, caráter esse que tende a perder, uma vez desintegrado do ambiente em que vive. Afinal, sua vida apóia-se nas operações naturais e sociais. Ou, de acordo com as palavras do autor: "...comunicação é condição de consciência"[27]. Não podemos nos esquecer de que, ao comunicarmos, temos que aprender a considerar nossos próprios hábitos e disposições como expressões das atitudes pessoais habitualmente dominantes.

Contrariamente ao que se poderia imaginar, ao agirmos desse modo estamos, segundo Dewey, dando expressão a nossa liberdade. Esta só pode atualizar-se dentro daquelas mesmas condições que tornam possível a vi-

---

24. Cf. *Democracy and Education*, p. 19.
25. *The Public and its Problems*, p. 13. (Grifo do autor.)
26. Cf. JOHN DEWEY, *Human Nature and Conduct*, p. 292.
27. *Experience and Nature*, p. 187.

da humana, quais sejam, as que se referem à interação do homem com o seu meio ambiente. Liberdade inclui a possibilidade de escolha, mas nunca *a priori*, sempre tendo em vista a situação específica do momento. Afinal:

...liberdade não é precisamente uma idéia, um princípio abstrato. É poder, poder efetivo de fazer coisas específicas. Não existe liberdade em geral; liberdade, no sentido amplo. Se alguém quiser saber qual a condição da liberdade em um determinado momento, alguém tem que examinar o que as pessoas *podem* fazer e o que elas *não podem* fazer[28].

Isso porque a demanda de liberdade está ligada a uma demanda de poder e poder para agir. Essa qualidade de ação pode ser verificada através da capacidade humana de prever, embora nem sempre com exatidão, as conseqüências futuras da ação presente. A capacidade inteligente do homem auxilia-o na difícil tarefa de prever se uma ação irá ou não solidificar ainda mais a opinião comum.

A responsabilidade do homem por seus atos é totalmente prospectiva, à semelhança da sua liberdade para agir. Sendo assim, não deve existir para ele o remorso pela ação já executada. Afinal, a sua consciência só se forma a partir da comunicação com os outros e com a natureza e, diante disso, ele só poderia ter agido da forma como realmente agiu. Isso quer dizer liberdade. Liberdade de acordo com os padrões verdadeiramente democráticos de viver. Padrões estes que consideram a intolerância, o abuso, os insultos por divergência de opiniões políticas, religiosas ou comerciais, bem como por diferenças de raça, cor, situação financeira ou grau de cultura, como traições à forma democrática de vida. De acordo com as

---

28. JOHN DEWEY, "Liberty and Social Control", in *Problems of Men*, New York, Philosophical Library, 1946, p. 111. (Grifo do autor.)

palavras do autor: "O homem é livre quando tem poder e pode possuí-lo somente quando age de acordo com o todo, sendo assim reforçado por essa estrutura e esse momento"[29]. No entanto, só isso não basta para entendermos, como a opinião comum pode apresentar-se a nós como autoridade, e uma autoridade espontaneamente requerida por nós mesmos, como elemento integrante de nossa liberdade.

4. Inteligência e Cooperação Social

Somos levados a acreditar que um consenso de opiniões, de tal forma eficiente para a harmonia do todo, deve necessariamente ter uma origem extra-individual, algo que Dewey pressupõe implicitamente e que constitui para nós o verdadeiro apoio de sua moral democratizante. Vejamos de que forma será possível detectar a existência desse elemento vitalizante de seu pensamento. Comecemos por analisar suas próprias palavras: "O fundamento da democracia é a fé nas capacidades da natureza humana; fé na inteligência humana e no poder da experiência associativa e cooperativa"[30]. Então, como conciliar o sentido dessas palavras com a seguinte afirmação do autor: "Crença na igualdade é um elemento do credo democrático"[31]. O que chamamos de inteligência pode ser distribuído desigualmente entre os seres humanos. Assim sendo, cumpre-nos salientar que a igualdade a que Dewey se refere não diz respeito à distribuição natural desse dom tão distintivamente humano.

Ele faz mesmo questão de salientar:

Enquanto aquilo que chamamos inteligência estiver distribuído em quantidades desiguais, a fé democrática consiste em

29. JOHN DEWEY, *Philosophy and Civilization*, p. 283.
30. "Democracy and Educacional Administration", in *Education Today*, p. 339.
31. *Idem*, p. 340.

admitir que a inteligência é suficientemente geral para que cada indivíduo tenha algo a oferecer, e o valor de cada contribuição pode ser estimado somente quando integrar a inteligência associativa final constituída pela contribuição de todos[32].

Afinal, a fé democrática na igualdade nada mais é do que a fé na oportunidade que cada um tem de indistintamente contribuir para a realização do bem de todos. No entanto, só a igualdade geral de oportunidades não basta para impulsioná-los rumo à cooperação. Mas Dewey não se esquece nem mesmo desse elemento vital para o encaixe perfeito. Faz questão de salientar que a necessidade humana de cooperar encontra-se profundamente enraizada na natureza humana e, o que é mais importante, não está sujeita à alteração. "Não penso ser passível de demonstração – salienta o autor – terem as necessidades inatas do homem mudado desde que ele se tornou homem ou que exista qualquer evidência de que elas mudarão enquanto o homem estiver na terra"[33]. Essas palavras nos encaminham à busca do sentido da expressão "necessidades inatas" do homem. Contudo, ele próprio acrescenta:

> Por necessidades quero dizer as exigências inerentes à constituição do homem. Necessidades de alimento, de água, de movimento são, por exemplo, de tal forma parte de nosso ser que não podemos imaginar qualquer situação sob a qual elas deixariam de existir. Há outros fatos, não tão diretamente de ordem física, que me parecem enraizados na natureza humana. Mencionaria, como exemplos, a necessidade de algum tipo de companhia, a de exercer influência sobre aqueles que nos cercam, a necessidade de cooperação com outros homens, assim como ao mesmo tempo a da emulação, a de algum gênero de expressão e de satisfação estética, a necessidade de governar e obedecer, etc.[34].

---

32. *Ibidem.*
33. "Does Human Nature Change?", in *Problems of Men*, p. 184.
34. *Ibidem.*

Entre os fatos não tão diretamente ligados à ordem física, também enraizados na natureza de forma inalterável pela ação do tempo e do espaço, encontram-se a necessidade de exercer influência sobre os outros e a de cooperar com os semelhantes. Para ele, o significado da cooperação é tão fortemente social que o leva a identificá-lo com sociabilidade, definindo esta como aquela consciência da conexão e da união que deve existir entre os membros de um todo social[35]. Não estaremos nós começando a desvendar a misteriosa eficiência da opinião comum, no sentido de fazer calar as divergências entre os indivíduos, a intolerância, o abuso, bem como as diferenças de raça, cor, grau de cultura e situação financeira, elementos de alta traição à forma democrática de viver?

A dita disposição humana para cooperar só pode transformar-se em um fator extra-individual, verdadeiramente atuante, se contar com o apoio de um instrumental poderoso, qual seja, o da inteligência que, como podemos agora perceber, não só se desprende de uma estrutura socialmente organizada, a da natureza humana, como também para tal fim deverá sempre dirigir-se. Afinal, não foi o próprio autor quem afirmou: "A condição efetiva para a integração de toda divergência de fins e de todos os conflitos de crença está em nos darmos conta de que a ação inteligente constitui o único recurso definitivo da humanidade, em qualquer campo"?[36] No entanto, esse recurso para atuar como tal, isto é, como um elemento verdadeiramente mediador entre velhos hábitos, costumes, crenças, instituições e novas condições, carece fundamentalmente do apoio de uma estrutura socialmente sólida. Essa estrutura socialmente sólida parece ser a própria natureza humana, de onde a inteligência parece desprender-se em todo o seu esplendor. São do autor as palavras

---

35. Cf. *Individualism Old and New*, pp. 88-90.
36. *The Quest for Certainty*, p. 252.

seguintes que parecem comprovar o nosso raciocínio: "...inteligência é um bem, um ativo social que se reveste de função tão pública quanto é, concretamente, sua origem na cooperação social"[37]. A inteligência só pode funcionar efetivamente como um recurso social porque ela própria está em sua origem presa a uma atmosfera fortemente socializada. E, vice-versa, é esse mesmo e determinado tipo de organização social que tem condições de alimentar a dimensão social da inteligência em seu desenvolvimento. Dessa forma, o círculo mais uma vez parece fechar-se sobre si mesmo. Tudo isso explica, perfeitamente, a magnífica homogeneidade comunal que parece enriquecer o significado profundo da democracia como a única forma de vida digna do ser humano.

A partir desse momento, podemos entender melhor porque o valor de uma crença está posto na satisfação vital de uma comunidade de pessoas e não apenas de um indivíduo em particular. Compreendemos como cada indivíduo em particular pode satisfazer-se vitalmente junto à comunidade a que pertence, isto é, graças à origem extra-individual da opinião comum ou das crenças de um modo geral. A inteligência socialmente dirigida parece ser o denominador comum que liga o indivíduo ao todo, porque conquista para a conduta "individual" foros de universalidade. É como se existisse implícito na ética deweyana, à primeira vista presa ao aqui e ao agora, um elemento universal capaz de atuar, eficientemente, como tal. Isso é o que apreedemos das palavras finais do autor em seu livro *Natureza Humana e Conduta:*

...todo ato pode carregar em si uma consoladora e protetora consciência do todo ao qual pertence e que, em certo sentido, também lhe pertence.

37. "Liberalismo e Ação Social", in *Liberalismo, Liberdade e Cultura*, trad. Anísio Teixeira, São Paulo, Editora Nacional, 1970, p. 69.

Dentro dos vacilantes e inconseqüentes atos de cada indivíduo situa-se um senso do todo, dessa integração que a tudo envolve, senso que é um facho a espargir luz e dignidade a todos os nossos atos. Na sua presença, nós afastamos a mortalidade e vivemos no universal. A vida da sociedade, no seio da qual vivemos e nos concebemos como pessoas, é o símbolo desse entrelaçamento[38].

Com efeito, a inteligência, esse elemento de tônica fortemente socializante, de caráter profundamente atuante na natureza humana, parece ser o elo de ligação entre o indivíduo e o todo, pois somente ela assim constituída permite a cada ser dessa natureza refletir dentro de si o senso do todo, dessa integração que a tudo envolve. Conseqüentemente, oferece ao homem a possibilidade de imortalizar-se aqui mesmo nesse vasto mundo natural. Nesse sentido, contamos com o apoio das palavras de John L. Childs: "O social constitui a ponte que liga o comportamento orgânico ao distintivamente humano"[39]. Não devemos nunca perder de vista que tudo isto acontece graças à inteligência humana, o único instrumento que, graças às suas características estruturais, é capaz de captar com perfeição essa onda verdadeiramente social que parece permear o céu do universo deweyano. Afinal, o que significa a fé na democracia, senão fé na capacidade inteligente do homem comum em responder, com senso comum, ao livre jogo dos fatos e das idéias?[40] De fato, o autor não só criou um mundo de acordo com suas aspirações verdadeiramente democráticas, como também colocou na natureza humana certos elementos que funcionam como verdadeiros receptores dessas mesmas ondas democratizantes. Não é sem motivo que a sincronia se nos apresenta tão perfeita. Ele dotou o ser humano de um

---

38. *Op. cit.*, pp. 231-232.
39. "The Educational Philosophy of John Dewey", *in* PAUL A. SCHILPP, *The Philosophy of John Dewey*, p. 435.
40. Cf. JOHN DEWEY, *Freedom and Culture*, p. 124.

potencial capaz de captar o mundo com os mesmos valores que aí colocou.

5. Educação, Natureza Humana e Democracia

Ainda com referência às considerações que Dewey faz a respeito da natureza humana, cumpre-nos salientar que ele admite, a par da imutabilidade de certos elementos, a existência de outros mutáveis. Essa confrontação é de vital importância, pois leva-nos à questão do valor da educação. Caso não admitisse a maleabilidade da natureza humana, a tarefa educativa perderia totalmente o seu significado. No entanto, a questão da educação, na medida em que se refere ao elemento mutável da natureza humana, terá a nossa atenção no capítulo seguinte de nosso trabalho. Aí, procuraremos ligar a idéia de educação com a missão que o autor atribui à filosofia. Apesar disso, não resistimos à tentação de estabelecer algumas considerações a respeito da educação, conforme Dewey a propõe. É assim que, embora tenhamos proposto o tratamento da referida questão em nosso capítulo seguinte, fazêmo-lo em parte agora. Se a educação deve processar-se em meio a esse mundo e deve ter como objeto o homem assim constituído e dotado, parece-nos bastante claro que a sua missão não possa, de forma alguma, ser conflitante com a natureza humana. Na verdade, nunca ouvimos Dewey referir-se à educação como algo que deva alterar a natureza humana no que ela tem de mais profundo.

Nosso potencial é bom na medida em que reflete os anseios democráticos depositados pelo autor nesse mundo que é construção sua. À educação cabe, então, propiciar um ambiente favorável no sentido de permitir a atualização máxima dessa natureza potencialmente sábia. Mas o ambiente é aquele oferecido por um mundo produzido e valorizado por aspirações igualmente democráticas. Então, o que resta à educação como tarefa? Resta a ela a importante tarefa de reorganizar, de reconstruir a experiência democrática de vida.

Experiência quer dizer livre intercâmbio entre os indivíduos e as condições do meio em que vivem[41]. Tudo já está perfeitamente organizado e construído de forma a atualizar esse encaixe mais harmonioso. É como se através da educação as gerações mais velhas ajudassem as mais novas a reviver as delícias da experiência democrática de vida por meio do desenvolvimento de uma comunicação sólida entre seus membros e destes com o meio ambiente. Assim fazendo, estaremos respeitando e reforçando as tendências naturais do homem, e a tarefa educativa poderá assim ser coroada do mais pleno êxito.

A maneira como Dewey enfrenta o problema do interesse e esforço em educação constitui um exemplo típico do que acabamos de dizer. Para Dewey, o interesse é condição essencial para o desenvolvimento de qualquer atividade e prende-se a certas forças, impulsos da criança que carecem de desenvolvimento. Para que o desenvolvimento se dê, basta oferecer-lhes condições adequadas. O esforço não é contrário à satisfação desses impulsos, mas deve vir a seu encontro. Recordemos suas palavras:

Se descobrirmos as necessidades e as forças vivas da criança, e se lhe pudermos dar um ambiente constituído de materiais, aparelhos e recursos – físicos, sociais e intelectuais – para dirigir a operação adequada daqueles impulsos e forças, não temos que pensar em interesse. Ele surgirá naturalmente, pelo fato de a mente encontrar-se com aquilo de que carece para *ser* mente. O problema de educadores, mestres, pais e do próprio Estado, em matéria de educação, é fornecer ambiente no qual as atividades educativas possam desenvolver-se. Onde essas atividades existam, existe sempre a necessidade vital que à educação importa[42].

41. Cf. *idem*, p. 334.
42. *Interest and Effort in Education*, Boston, Houghton Mifflin Company, 1913, pp. 95-96. (Grifo do autor.)

À educação importa a necessidade vital de reconstruir ou reorganizar ou reviver a experiência democrática, a única em conformidade com a própria experiência de viver. A democracia é uma forma pessoal de vida, controlada não apenas pela fé na natureza humana em geral, mas também pela fé na capacidade que os seres humanos possuem de julgar e agir inteligentemente, quando condições apropriadas lhes são fornecidas [43].

Estamos em meio a um mundo, produto da crença, e como tal se impõe a nós, graças à força e à autonomia que aquela lhe confere. Assim sendo, é como se estivesse fora do controle e da dúvida. Nesse momento, as palavras do sociólogo Durkheim parecem ser bastante significativas para nós: "É assim que, em nossa sociedade, têm curso fórmulas que imaginamos não serem religiosos, que têm, não obstante, o caráter de dogmas que não se discutem. Tais são as noções de *democracia*, de *progresso*, de *luta de classes*, etc."[44]

A democracia é, para Dewey, uma verdade indiscutível. Expressa-se sob uma forma aparentemente laica, mas traz consigo, apesar de tudo, um fundo verdadeiramente religioso. De acordo com o autor, a experiência religiosa não tem nada a ver com o interesse por uma determinada religião em particular[45]. Mas, por outro lado, ele defende que toda experiência religiosa profunda deve adaptar-se a quaisquer crenças intelectuais que formos levados a adotar[46]. A nosso ver, essa identificação entre experiência religiosa e crença intelectual só é possível porque, no fundo, toda crença intelectual nada mais é do que o fruto de

---

43. Cf. JOHN DEWEY, "Democracy and Educational Administration", *in Problems of Men*, pp. 57-59.
44. EMILE DURKHEIM, *Pragmatisme et Sociologie*, Paris, Librairie Philosophique J. Vrin, 1955. p. 184. (Grifo do autor.)
45. Cf. "From Absolutism to Experimentalism", *in* G. P. ADAMS e W. P. MONTAGUE, *Contemporary American Philosophy*, vol. II, p. 20.
46. Cf. *idem*, pp. 19-20.

uma experiência religiosa autêntica. Contudo, essa experiência religiosa nada tem a ver com o sobrenatural. Admitir o contrário seria ferir o princípio de continuidade que anima todo o pensamento deweyano. Seria consentir nos dualismos próprios dos pensamentos doentios.

6. Dimensão Ético-Religiosa da Democracia

Dewey postula uma diferença entre religião e religioso; entre qualquer coisa que pode ser indicada por um substantivo e a qualidade da experiência que é designada por um adjetivo[47]. Ao tentarmos estabelecer os atributos da qualidade da experiência religiosa, percebemos que estão contidos na sua própria definição de Deus: "Aquela relação ativa entre o ideal e o real a que eu daria o nome de Deus"[48]. O sentimento religioso é aquele que experimentamos quando intuímos nossa religação com a natureza e com os outros homens. Ou melhor, é aquele sentimento que provamos quando realizamos as possibilidades ideais que a natureza nos oferece, sempre dentro dos moldes do modelo biológico da adaptação do homem ao meio, isto é, ao meio social que inclui também a relação com os outros homens. O sentido que Dewey dá à palavra ideal não implica, como poder-se-ia pensar, um divórcio entre meios e fins. Os ideais estão como que encarnados na existência real, carecendo simplesmente de atualização eficaz através da ação humana concreta[49].

Essa relação ativa entre ideal e real deve ser compartilhada por todas as pessoas que estão no mesmo "barco" que atravessa o mesmo oceano turbulento[50]. Essa idéia de associação cooperativa é tão central no pensamento dew-

---

47. Cf. *A Common Faith*, New Haven, Yale University Press, 1952, p. 3.
48. *Idem*, p. 51.
49. Cf. *The Quest for Certainty*, p. 279.
50. Cf. JOHN DEWEY, *A Common Faith*, p. 84.

eyano que pode mesmo ser considerada a medula espinhal da verdadeira atitude religiosa. Sua fé no poder do esforço humano cooperado, dirigido com vistas à transformação desse turbulento oceano num verdadeiro paraíso, parece ser mais religiosa em qualidade do que qualquer fé numa revelação completa. Afinal de contas, o que importa nessa atitude religiosa é a convicção íntima e pessoal de o homem estar colaborando pelo bem comum, quer no relacionamento com o mundo das coisas quer no das pessoas circundantes. Recapitulando: qual é o verdadeiro ideal moral para Dewey? Não é, como vimos, a realização do eu em interação com a natureza e com o mundo? Percebemos, assim, quão impregnada de religiosidade está a moral deweyana. É como se a atitude moral não pudesse ser perfeita sem o sentido religioso. Só este impede a atitude egoísta do homem que se fecha dentro de si mesmo, uma vez que força o relacionamento ativo do eu com o mundo e com os outros homens, relacionamento este que sustenta a própria moralidade para o autor. O homem deve por meio de suas ações glorificar sempre aquele encaixe entre experiência e natureza, entre ideal e real, desde que, tanto uma como outra, ou tanto um como outro espelhem a verdade da crença democrática, onde tudo se apresenta, coerentemente, na mais perfeita continuidade. Como vimos, o verdadeiro e o justo são uma e mesma coisa, porque ambos se ligam à ação humana e, como não poderia deixar de ser, ambos são avaliados de acordo com os padrões democráticos que permeiam o mundo. Estes, como sabemos, depositam, toda a sua força e autoridade na flexibilidade das interações sociais.

Neste momento, percebemos que foi possível ao autor passar da religião "unitarista" de sua infância congregacionalista para a religião da democracia, sem com isto estar incorrendo em qualquer contradição. Essa fé religiosa foi sempre, implicitamente, a fé na capacidade do homem de unir-se a seus semelhantes em continuidade com a natureza, pelos laços estreitos da experiência compartilhada. Fé que sempre visou a que todos pudessem se transformar naqueles crentes fervorosos de uma religião, a única verdadeiramente autêntica, qual seja, a religião da democracia. Referimo-nos à democracia como o direito moral que cada indivíduo tem de partilhar dos benefícios da sociedade e como a responsabilidade de cada um em cooperar livremente no crescimento total daquela[51]. É bem verdade, Dewey não foi o inventor dessa fé, adquiriu-a, como vimos, no meio ambiente em que foi criado. No entanto, a sua tarefa parece ter sido a de dignificar essa fé por meio da construção de um mundo que permitisse a sua mais perfeita realização. A concepção de mundo do autor como uma vasta e esplêndida unidade resulta da projeção da estrutura democrática da sociedade dos homens sobre o mundo da natureza, graças aos laços de continuidade estabelecidos entre experiência e natureza. O sentimento religioso, assim caracterizado, encontrou na filosofia da experiência contínua o apoio intelectual de que a religião da unidade congregacionalista originalmente carecia. Nada melhor do que as próprias palavras de Dewey para nos esclarecer:

> Nossa é a responsabilidade de conservar, transmitir, retificar e expandir a herança dos valores que recebemos para transmiti-la à posteridade mais sólida, amplamente acessível e generosamente co participada do que quando a recebemos. Eis aqui todos os elementos para uma atitude religiosa que não se limitará a uma seita, classe ou raça. Tal fé sempre foi implicitamente a fé comum da humanidade, falta torná-la explícita e militante[52].

Esta é a grande tarefa moral que cabe ao homem, militante da democracia, realizar. O caminho democrático

---

51. Cf. JOHN DEWEY, *Freedom and Culture*, p. 162.
52. *A Common Faith*, p. 87.

não é um caminho fácil, principalmente tendo em vista as condições complexas do mundo contemporâneo[53]. Mas o homem deweyano acredita firmemente ser capaz de, por seu esforço deliberado, transformar o mundo, vale de lágrimas, num paraíso terrestre pleno de delícias para todos. Satisfeito com aquilo que realiza, não anseia por nada mais, pois, conforme vimos, o mundo em que vive é, por uma feliz coincidência, produto de seu desejo, da sua aspiração. Assim sendo, as palavras ditas pelo autor a respeito dos antigos aplicam-se também ao mundo por ele criado. O homem que ajuda a compor o cenário desse mundo busca encontrar na construção teórica um apoio para salvaguardar o que estima e quer, ou melhor, um apoio para o seu próprio desejo intenso de unidade[54].

Trataremos no próximo capítulo desse esforço humano deliberado para recriar a democracia recebida como herança tão valiosa. Para tanto, procuraremos salientar o papel instrumental da ciência, da filosofia e da educação sob o poder de atuação do método da inteligência.

---

53. Cf. JOHN DEWEY, "The Democratic Faith and Education", in *Problems of Men*, p. 33.
54. Cf. JOHN DEWEY, *The Quest for Certainty*, p. 39.

3. CIÊNCIA, FILOSOFIA, EDUCAÇÃO: A ATUAÇÃO DO MÉTODO DA INTELIGÊNCIA

Vimos no capítulo anterior como o método de vida democrático implica uma fundamental e definitiva homogeneidade comunal. Pudemos perceber, também, que a dita homogeneidade é responsável pela possibilidade que os membros de uma comunidade democrática têm de comunicar-se livremente. Ao tentarmos determinar as raízes mais profundas dessa possibilidade de todos compartilharem da opinião comum do grupo, sem qualquer constrangimento da liberdade individual, conseguimos detectar o que chamamos de fator extra-individual da natureza humana. Referimo-nos ao elemento verdadeiramente social encravado profundamente em nossa natureza, o único, segundo o autor, capaz de refletir na individualidade a totalidade. A partir desse momento, pudemos entender melhor porque o valor de uma crença está depositado na satisfação vital, não de um indivíduo, mas de uma dada comunidade que, ao ser satisfeita, garante inversamente a satisfação de cada indivíduo em particular.

Não chegamos, todavia, a examinar como esse processo alcança a sua máxima atualização, isto é, como temos a certeza de que houve satisfação vital da comunidade e dos indivíduos, para que uma determinada crença possa alcançar o seu verdadeiro valor, possa atuar, enfim. Para tanto, julgamos de grande importância salientar o papel daquele instrumento definitivamente humano, o único capaz de atuar de forma adequada em um meio também distintivamente humano, o social. Trata-se da inteligência humana que necessita dessa vida comunal como seu verdadeiro e único hábitat. Em troca, ela é responsável pela renovação constante do próprio fluxo vital dessa dada comunidade, ou melhor, ele propicia o renascimento e a comunicação de idéias entre seus membros. Ainda em outras palavras, na medida em que a inteligência humana permite essa comunicação livre e plena entre os indivíduos, confere realidade à opinião comum, à vida comunal, portanto, cremos ter salientado a combinação e a necessidade mútua da inteligência e da vida comunal, ambas reunidas no terreno comum da democracia. Pois, como quer Dewey, o que é a fé na democracia senão a fé na capacidade da inteligência do homem comum em responder, com senso comum, ao livre jogo dos fatos e idéias assegurados pelas garantias reais da investigação, da reunião e da comunicação livres?[1] O que queremos dizer é que, para Dewey, a inteligência implica a comunidade e com ambas a democracia constitui uma realidade. Tudo isto, cremos nós, é fruto de sua reação contra as chamadas sociedades indesejáveis, isto é, aquelas que levantam barreiras para impedir a relação livre e a comuni-

1. Cf. *Freedom and Culture*, p. 124.

cação da experiência. Tudo isto, repetimos, parece fazer parte do seu esquema de enfrentar os males que os dualismos causaram ao pensamento filosófico.

A partir dessas considerações, cremos ter definido, de acordo com o pensamento do autor, não só a atuação da inteligência humana como também a importância do alicerce oferecido pela vida comunal. Mesmo assim, não nos julgamos aptos a desvendar, totalmente, o misterioso critério em que Dewey faz apoiar a veracidade ou o valor de uma dada crença. Para tanto, é justo que lembremos a atuação de primordial importância do modelo biológico de adaptação do homem ao meio. Concomitantemente estaremos destacando o papel desempenhado pela inteligência humana na resolução de situações-problema.

De acordo com esse modelo, o homem só age como resposta a uma situação conflitante em que a sua vida esteve ameaçada. Sim, o homem age com o fito de sobreviver. Como vimos, a sobrevivência no universo deweyano adquire uma conotação fortemente social, isto é, o homem sobrevive em um meio distintivamente humano, qual seja, o social. Então, é como se disséssemos que o homem deweyano só sobrevive se interagir continuamente com a natureza e com os outros homens, como símbolo dessa interdependência vital que existe entre eles. É através dessa interação contínua que este homem procura resolver situações vitalmente conflitantes para ele, isto é, situações que justamente impedem a continuidade do seu relacionamento com a natureza e com os outros homens. Então, poderíamos dizer que toda a ação do homem é eficaz quando consegue reencontrar a continuidade experiencial após o intervalo em que esteve ameaçada. Afinal, não foi o próprio Dewey quem imaginou que ao estabelecer a continuidade entre experiência e natureza estaria abolindo, por completo, os males causados pelos dualismos que sempre perseguiram o pensar filosófico? Então, ele está sendo congruente com o seu pensamento, pois uma crença é verdadeira, ou ela vale, ou ela é eficaz, quando restaura a continuidade da transação experiencial, continuidade esta capaz de expressar aquela existente entre experiência e natureza, em geral.

1. Outras Denominações para o Método da Inteligência

Como vimos, a inteligência é o único instrumento adequado para atuar com eficácia no sentido de restabelecer a continuidade da experiência. No entanto, ainda podemos perguntar: como é possível a tal instrumento garantir-nos a restauração da continuidade e a unidade da experiência, se ele não nos oferece qualquer apoio situado fora do próprio devir experiencial? Ou melhor, como sei que estou diante da continuidade e da unidade da experiência se não tenho meios para sair fora dela? Essas questões nos encaminham para mais uma vez poder afirmar que o único mundo em questão é aquele qualificado e valorizado pelo homem. Como este mundo está constituído por um sistema de valores que outorgamos às coisas, estas passam a orientar e dirigir nossa conduta. Então, é como se as próprias coisas falassem por si mesmas a respeito do restabelecimento ou não da continuidade experiencial como prova da veracidade ou não de uma determinada crença, do valor ou não de uma determinada ação. No entanto, quem de fato fala é a inteligência que, com o seu poder quase mágico, já atribuiu valor às coisas. É como se a inteligência constituísse, para o autor, aquele único instrumento capaz de atualizar as possibilidades que o meio social lhe oferece. O meio social está organizado democraticamente porque a inteligência, que o criou, só pode conceber a vida segundo os padrões verdadeiramente democráticos. Sendo assim, podemos reafirmar que a fé na capacidade inteligente do homem vem de uma outra ainda maior, qual seja, a fé na democracia. É como se chegássemos, depois de uma longa caminhada, ao verdadeiro ponto de apoio para a determinação do valor ou não de uma crença, da eficácia ou não de um ato, da veracidade ou não de um conhecimento, etc. Chegamos a um ponto tão solidamente enraizado no pensamento do autor que não está, nem nunca esteve, sujeito à contestação ou à dúvida, porque se trata de uma fé na capacidade inteligente do homem para responder, com senso comum, ao livre jogo dos fatos e das idéias, asseguradas as condições para a livre investigação e para a livre comunicação. Em outras palavras, fé na democracia como o único modo verdadeiramente humano de viver.

De tudo isso, o que nos interessa constatar no momento é que a validade de uma crença reside no próprio processo de sua investigação. Ou, melhor dizendo, há como que uma substituição do conceito de verdade pelo de investigação. Com isto, julgamos poder compor melhor o quadro em que Dewey delineia a substituição da busca da certeza teórica pela busca da segurança prática. Assim sendo, não há o que estranhar no fato de que a verdade não constitua mais um valor teórico, mas uma verdadeira práxis. Ao falarmos em investigação, não estamos introduzindo nenhum conceito novo em meio ao cenário que estamos tentando reconstruir. Isto porque investigação quer dizer uso da inteligência, daquele instrumento verdadeiramente hábil, próprio do universo deweyano. Por sua vez, ao falarmos em inteligência estamos sempre nos referindo ao método que a inteligência naturalmente adota para investigar a validade de uma ação, tendo em vista a restauração ou não da continuidade experimental. Dissemos "naturalmente" porque as tendência para uma atividade reflexiva e pertinentemente lógica são inatas e exibem-se muito cedo, desde que possibilitadas por condições exteriores[2].

O pensamento reflexivo, e esta é uma outra denominação para a inteligência, ou método da inteligência, ou investigação, apresenta cinco fases ou aspectos, quais sejam: sugestão, intelectualização, hipótese, raciocínio e verificação[3]. Na medida em que nos detemos na análise de cada uma dessas fases, percebemos que elas coincidem com aquelas próprias do método científico. Ora, esta constatação não ameaça em nada a coerência interna do pensamento de John Dewey. Em suas obras o autor refere-se indiferentemente à investigação, ora como pensamento reflexivo, ora como método da inteligência ou reflexão, ora como inteligência, simplesmente, e ora como ciência ou método científico. Estamos nos ocupando em mostrar que a ciência ou o método científico parece ter sido assimilado pelo modelo geral da investigação deweyana. Ou, melhor ainda, que o método científico parece converter-se no próprio método da inteligência. São suas as seguintes palavras que parecem revelar tal convicção: "...a humanidade tem agora em seu poder um novo método, o da ciência experimental e cooperativa que constitui o método da inteligência"[4]. Em seu livro *Liberdade e Cultura*, Dewey clama pela necessidade de planejamento inteligente, o que nos leva a lembrar o apoio oferecido pelos métodos científicos, com vistas à manutenção das instituições democráticas. Chama, ainda, a nossa atenção para o fato de que a referida manutenção não é tão fácil como supunham alguns dos Patriarcas da Independência[5].

---

2. Cf. JOHN DEWEY, *How we Think*, revised edition, Boston, D. C. Heath and Co., 1933, p. 83.
3. Cf. *idem*, p. 107.
4. "Liberalismo e Ação Social", in *Liberalismo, Liberdade e Cultura*, p. 83.
5. *Op. cit*, p. 20.

Se a causa maior é a defesa de uma tradição democrática, os métodos a serem utilizados deverão também assentar-se sobre sólidas bases democráticas. É nesse sentido que fazemos questão de ressaltar o caráter verdadeiramente social que Dewey atribui à ciência. Trata-se de uma investigação coordenada e deve ser "pública", no sentido em que os homens de ciência comprovam mutuamente suas respectivas observações. Além disso, a ciência é "social", tendo em vista o bem-estar que promove ao homem comum, bem-estar não somente físico mas mental, na medida em que oferece a todos a possibilidade de participação nos prazeres da inteligência. Dewey lembra, com propósito, que se trata de realizar "o que Bentham chamou o maior bem para o maior número"[6]. Encontramos, assim, mais uma denominação para o método da inteligência, qual seja, a de método da democracia[7]. Essa identificação é fundamental para o pensamento deweyano, na medida em que o mundo por ele criado assenta-se em bases essencialmente democráticas, como vimos. E, desta forma, o único método eficaz, para o autor, só poderia ser concebido em função das possibilidades e necessidades do todo social. A ciência como que dilata o seu âmbito até incluir um significado que não é apenas social, mas profundamente religioso. A ciência, apoiada em alicerces democráticos, inclui em seu seio a fé religiosa no seu poder universal para resolver os problemas enraizados no ambiente especificamente humano, o social. Isso porque ela compactua com a fé democrática na inteligência humana regulada pelos moldes "científicos". De fato, o método científico nada mais é do que um simples nome para os processos inteligentes de solução de problemas, não importando de que assunto ele trate. Aliás, esta é a grande preocupação do pensador americano que

---

6. "Liberalismo e Ação Social", *in op. cit.*, p. 77.
7. "O método da democracia – na medida em que é aquele da inteligência organizada...", *idem*, p. 80.

sempre julgou estar sendo o referido método desperdiçado, uma vez que era utilizado apenas na pesquisa em disciplinas não humanas. Para ele, a aplicação do método científico aos problemas humanos carecia de uma operacionalização ainda incompleta[8]. O potencial da ciência, como o mais poderoso instrumento de controle que jamais existiu, constitui um verdadeiro desafio à capacidade inteligente do próprio homem, que o criou, para utilizá-lo na solução dos problemas referentes aos assuntos humanos.

Como sabemos, o homem faz parte do cenário natural, ele o compõe juntamente com as pedras, as plantas, os animais, e, nesse sentido, o mesmo instrumento utilizado para a solução dos problemas não humanos pode também ser aproveitado para os problemas especificamente humanos. Na verdade, as extraordinárias diferenças que caracterizam as atividades dos seres humanos em relação às outras formas biológicas, não impedem o autor de advogar a mais harmoniosa continuidade entre o homem e a natureza. É como se ele pudesse entrever, na base da própria estrutura da evolução universal, um princípio verdadeiramente democrático, qual seja, aquele que responde pela igualdade dos seres dentro do processo de evolução, igualdade esta que não desconhece a diferença de níveis de complexidade entre os seres que se relacionam. Em verdade, o autor pôde, realmente, entrever tal princípio porque, a nosso ver, foi justamente este fato que o fez adotar como verdadeira a estrutura da evolução universal, conforme o tratamento de Darwin. Semelhante estrutura pôde assim oferecer-lhe o apoio racional de que carecia a sua crença na unidade e na continuidade do mundo. Se, conforme vimos em capítulos anteriores, tudo o que compõe o mundo criado pelo autor é natural e se o natural é tudo o que é experimentado pelo ser humano, como símbolo da continuidade mais perfeita entre o homem e a

8. Cf. *Philosophy and Civilization*, pp. 324-325.

natureza, então, não podemos estranhar o fato de o autor lutar por estabelecer um único método aplicável a todos os assuntos aí ventilados. Para tanto, nada melhor que o método científico, cujas características são: objetividade, autocorreção e possibilidade de comunicação de seus resultados. Além do que, ele é sensível aos níveis qualitativamente diferenciados de interações entre os acontecimentos naturais. Para tanto, Dewey julga importante que completemos a sua operacionalização. Seu livro *Como Pensamos*, publicado em 1910, é especialmente valioso para nós, na medida em que, dentre outras afirmações importantes, ali é dito: "Este livro expressa a convicção de que o indispensável fator estabilizador e centralizador é a adoção, como objetivo da conduta, desta atitude mental, deste hábito do pensamento, que denominamos, científico"[9].

A inteligência, ou o método da inteligência, com apoio do qual o autor crê, fervorosamente, poder resolver todos os problemas presentes, parece constituir o terreno comum, onde os julgamentos de valor e os de fato apresentam-se lado a lado em perfeita continuidade, como prova de que nada pode escapar à unidade tão almejada. O instrumento universal para solucionar problemas parece, então, dilatar-se juntamente com a ciência em sua totalidade, até poder incluir, em seu âmbito, um significado fundamentalmente religioso, expresso pela convicção de que é capaz de atualizar a união entre conhecimento e crença, teoria e prática, ciência e moral. Dewey revela essa preocupação da seguinte maneira:

...na medida em que meu estudo e meu pensamento progrediam, inquietou-me mais e mais o escândalo intelectual que, para mim, estava implicado no corrente (e tradicional) dualismo de critério

---

9. *Op. cit.*, p. V.

lógico e método, entre algo chamado "ciência", de um lado, e algo chamado "moral", de outro[10].

Vejamos como Dewey imaginou poder evitar esse grave escândalo intelectual, de que nos adverte com freqüência em suas obras.

Uma vez diagnosticado o grande mal, nada mais fácil, para o autor, do que receitar um remédio igualmente possante, qual seja, a adoção do método da inteligência ou científico, o único capaz de restabelecer a continuidade entre as crenças do homem acerca do mundo em que vive e as crenças sobre os valores e propósitos que deveriam dirigir a sua conduta neste mundo moderno[11]. Há, para o autor, como que uma necessidade premente de conciliar as propriedades científicas do real e aquelas que encarnam a autoridade moral. Sua grande inquietação reside em aceitar a ciência e conservar, ao mesmo tempo, o reino dos valores. Ou, então, mais popularmente falando, a grande questão está na necessidade inadiável de conciliar ciência e religião, razão e fé[12]. Como o próprio Dewey argumenta, tal problema não existia para os gregos, devido ao caráter totalmente qualitativo da ciência grega, que definia o conhecimento como a busca do próprio ser das coisas. Então, não havia mesmo a necessidade de conciliar aquilo que se conhecia a respeito do mundo com aquilo que se cria a esse mesmo respeito, uma vez que a física e a metafísica estavam em completa harmonia e aquela era teleológica e qualitativa. "Não havia – pondera Dewey – possibilidade de conflito com as idéias acerca dos valores, porque as qualidades correspondentes aos objetos da ciência *são* valores; constituem as coisas que gozamos e admiramos"[13]. Tal fato fica bastante evi-

10. "From Absolutism to Experimentalism", p. 23.
11. Cf. *The Quest for Certainty*, p. 255.
12. *Idem*, pp. 41-42.
13. *Idem*, p. 94. (Grifo do autor.)

denciado pela própria concepção do mundo de Aristóteles, aquele conjunto de qualidades objetivamente existentes cujo motor imóvel, Deus, explica teleologicamente todo o movimento.

É assim que a revolução da ciência desencadeada por Galileu, consistindo, precisamente, na supressão das qualidades como características dos objetos científicos enquanto tais, fez por estabelecer o conflito e, conseqüentemente, a necessidade de reconciliação entre as crenças intelectuais e as crenças morais, aquelas referentes às propriedades científicas do real e estas referentes à autoridade moral.

A obra de Galileu – sustenta Dewey – não representou um desenvolvimento, mas uma revolução. Significou uma mudança do qualitativo ao quantitativo ou métrico, do heterogêneo ao homogêneo, das formas intrínsecas às relações, das harmonias estéticas às fórmulas matemáticas, do gozo contemplativo à manipulação ativa e ao controle, do repouso à mudança, dos objetivos eternos às seqüências temporais[14].

A partir desse momento, a ciência deixa de ser aquela arte de aceitar as coisas tal como as sentimos e gozamos, para ir se transformando cada vez mais numa "arte de domínio" do homem sobre as coisas que o rodeiam, conforme a expressão utilizada pelo autor[15].

2. A Conciliação entre Razão e Fé e a Filosofia

Com a ruptura entre o conhecer e o sentir, entre o pensar e o agir, entre o ser e o dever ser, entre os fatos e os valores, salienta-se a problemática apontada por Dew-

14. *Idem*, pp. 94-95.
15. Cf. *Idem*, p. 74.

ey em suas obras[16], problemática esta referente à necessidade de reconciliação entre o mundo da ciência e o mundo moral, o mundo dos fatos e o mundo dos valores. Para tanto, o autor postula, como vimos, a utilização do método científico ou método da inteligência. No entanto, na medida em que este penetra todos os assuntos, inclusive os humanos, exige do autor uma verdadeira reconstrução da filosofia. Na verdade, a filosofia reconstruída é a grande esperança do autor. Semelhante programa é traçado por ele, minuciosamente, em seu livro, *Reconstrução em Filosofia*. A reconstrução a ser empreendida não é aquela de aplicar a "inteligência" como algo pronto, mas trata-se, isto sim, de desenvolver, de formar, de produzir os instrumentais intelectuais que irão, progressivamente, dirigir a investigação dos assuntos humanos, isto é, os fatos morais da presente situação[17].

A referida reconstrução prende-se à adoção, por parte da filosofia, dos procedimentos eficientes das ciências físicas. Estas tão em evidência pelo progresso que alcançaram passam, assim, a servir de modelo para os demais modos de conhecimento. Entre eles aquele referente ao campo das relações sociais e morais, o mais humano de todos. De acordo com as próprias palavras de Dewey: "A história das realizações da ciência no que se refere ao controle físico evidencia a possibilidade de controle em questões sociais"[18]. Ao que parece, quem agora decide é a ciência, cabendo a ela, e somente a ela, fundamentar os próprios valores humanos e mais ainda, cabendo a ela, e somente a ela, solucionar todos os problemas do homem. À filosofia, de acordo ainda com os ditames da dita revolução, cabe a missão de coordenar, integrar os resultados obtidos pela ciência. Dewey afirma categoricamente:

16. Entre elas, destacamos: *The Quest for Certainty, Reconstruction in Philosophy* e *LOGIC The Theory of Inquiry*.
17. Cf. JOHN DEWEY, *op. cit.*, pp. 20-21.
18. *Philosophy and Civilization*, p. 330.

A filosofia, nestas condições, não se sente em oposição à ciência. É antes um agente do enlace entre as conclusões da ciência e os modos de ação social e pessoal com os quais se projetam e se buscam possibilidades acessíveis[19].

De fato, a missão da filosofia resume-se na aplicação do que é conhecido (através do único conhecimento válido, o científico), à conduta inteligente da vida humana. À ciência caberá conhecer, e à filosofia, aplicar. Ainda desta vez não há rupturas, desníveis ou fendas, o encaixe é perfeito, nem sequer deixa vestígios. Isso porque a filosofia deve ser simples receptora da verdade e não o seu agente construtor. Como vimos, o ajuste é perfeito. Afinal, nada poderia deixar de ser assim, pois tudo é fruto da continuidade que deve permear o mundo da natureza.

De acordo com essa concepção de mundo, naturalmente uno e contínuo, a filosofia e a ciência também apresentam-se, como vimos, na mais harmoniosa continuidade. No entanto, ao que tudo indica, diversamente do mundo grego, onde todo o conhecimento era fundamentalmente filosófico, aqui todo o conhecimento deve ser fundamentalmente científico. Enquanto entre os gregos toda ciência era, no fundo, filosofia, aqui entre os deweyanos toda filosofia deve ser, no fundo, "científica". Não podemos estranhar semelhante conclusão, na medida em que a filosofia deve lançar mão do método científico, método da inteligência para cumprir sua missão. Ou, melhor dizendo, a filosofia como que se transforma no método da inteligência para resolver os problemas do homem, no que se refere à adaptação do que é conhecido à sua conduta[20]. Enquanto para o autor a filosofia tem um papel secundário, à ciência caberá promover a fundamentação dos valores espirituais de nossa civilização. Mas de que ciência se trata? Que ciência é esta capaz de incluir em

19. *The Quest for Certainty*, p. 311.
20. Cf. JOHN DEWEY, *Experience and Nature*, pp. 436-437.

seu âmbito tão limitado a importante e nobre missão de orientar nossa civilização na escolha de seus valores mais caros? Afinal, não é o próprio Dewey quem nos diz em uma passagem do seu famoso *Filosofia e Civilização*: "Ciência é um instrumento, um método, um corpo técnico"[21]. Assim sendo: "Ela se adapta passivamente e indiferentemente aos propósitos e desejos que animam os seres humanos"[22]. Como pode então o referido autor pretender que tão poderoso instrumental para o bem ou para o mal, não importa, possa guiar a humanidade na escolha de seu próprio destino? Como pode mostrar-se ainda tão confiante em relação ao rumo que a nossa civilização irá tomar orientada por um instrumental tão poderoso e ao mesmo tempo tão frágil?

Vimos em capítulos anteriores que o homem deweyano, apesar de fazer parte da natureza como um "autêntico" elemento natural, não perde a sua riqueza e complexidade interiores visto ser acima de tudo uma variação vantajosa dessa mesma natureza. Então, a dignidade de ser superior não lhe é negada nem mesmo em meio a esse imenso "império da natureza". Se este é o homem cuja conduta deve ser discutida cientificamente, a única saída para o autor é alargar o conceito de ciência a ponto de fazê-la incluir em seu seio as qualidades e valores do homem enquanto tal. Afinal, não é outra coisa que Dewey nos diz: "A inteligência é um método crítico aplicado a bens de crença, julgamento e conduta a fim de construir bens mais livres e mais seguros (...) ela é objeto de nossa mais profunda fé e lealdade, o apoio e o suporte de todas as esperanças justas"[23]. A ciência, ou o método da inteligência através do qual ela se revitaliza, expressa, pelos resultados que alcança, a profunda fé do homem

---

21. *Op. cit.*, p. 320.
22. *Idem*, p. 319.
23. *Experience and Nature*, pp. 436-437.

que antes de mais nada crê na sua fiel atuação. Dissemos fiel porque é como se a ciência fizesse jus às intenções de quem a forjou, e o fez porque na verdade o dito método da inteligência sempre se deixou nortear pelos propósitos e desejos humanos que atuam em "consenso cooperativo" com vistas à manutenção do equilíbrio harmônico do todo. Por sinal, a organização desse todo lembra a do organismo vivo: "O consenso cooperativo de multidões de células, cada uma vivendo em intercâmbio com as outras"[24].

A grande lição que "a ciência" deweyana parece nos oferecer é a de nutrirmos confiança em relação aos seus resultados. São do autor as palavras que revelam tal convicção: "...a atitude científica exige fidelidade a tudo quanto for descoberto e firmeza na adesão à nova verdade"[25]. Tal atitude parece revelar o estado de espírito de alguém que crê religiosamente nas possibilidades de tão poderoso instrumental. E se isso acontece é porque as bases que a sustentam são também de origem profundamente religiosa. De fato, a ciência deweyana está fadada a respeitar à risca os princípios democráticos próprios do mundo que a criou. Tais princípios não estão sujeitos a qualquer dúvida ou crítica. Afinal, parece ser isto que o autor quer dizer com as seguintes palavras:

Com tão poderoso instrumental, com a posse de uma tecnologia segura, nós glorificamos o passado, legalizamos e idealizamos o *status quo*, ao invés de perguntar como devemos empregar os meios a nossa disposição a fim de formar uma sociedade eqüitativa e estável...[26]

Semelhante sociedade contém em si o ideal de igualdade, de oportunidade e de liberdade para todos, sem le-

---

24. JOHN DEWEY, *Individualism Old and New*, p. 86.
25. *Idem*, p. 157.
26. *Idem*, p. 17.

var em consideração nascimento e *status*, como condição para a realização efetiva da referida igualdade[27]. Este tipo de organização social não é colocado pelo autor em discussão, como vimos, pois é um elemento de verdadeira fé. Esta chega a tal ponto que o leva a comparar o senso do todo, que constitui a essência da religião, com aquele adquirido através de energias dominantes na vida comunitária[28].

Por acreditar na existência de um alicerce verdadeiramente fervoroso a sustentar a missão científica, Dewey pode falar com tranqüilidade e confiança:

> O corrosivo "materialismo" de nossos tempos não provém da ciência. Ele brota da noção cultivada de forma sedutora pela classe no poder, de que as capacidades dos indivíduos podem ser evocadas e desenvolvidas somente através de luta por posses e ganhos materiais.

Nesse sentido, Dewey propõe uma única saída:

> ...através do esforço organizado instituir a economia socializada de segurança e abundância material que liberará a energia humana para a busca dos valores mais altos[29].

Dewey não quer subjugar o que chama de "a crença professada na supremacia dos valores ideais e espirituais" àquela orientação material predominante em seu tempo. Pelo contrário, ele se mostra bastante confiante no poder da ciência em gerar valores novos concernentes ao seu progresso. Aliás, é justamente nessa crença que parece residir todo o poder que Dewey atribui à ciência. Isso porque, se ele crê no poder da ciência é porque, antes de

27. Cf. *idem*, pp. 17-18.
28. Cf. *idem*, pp. 64-65.
29. "Liberalismo e Ação Social", *in Liberalismo, Liberdade e Cultura*, p. 88.

mais nada, crê no poder do método da inteligência cooperativa, o único capaz de descobrir e expressar sempre com segurança o interesse social dominante[30]. E se isso realmente acontece é porque esse método é, como vimos, o método por excelência da democracia, aquele que exprime com fidelidade e clareza os padrões verdadeiramente democráticos de viver, padrões estes próprios do mundo que os gerou. Como podemos ver, a sincronia mais uma vez revela-se claramente. No entanto, ela não é fruto do acaso ou de uma feliz coincidência, mas de uma estratégia muito bem arquitetada pelo autor. A inteligência, como vimos, é dotada naturalmente de um dispositivo capaz de captar com segurança todas as ondas que escapam dessa atmosfera fortemente socializante que parece envolver o mundo criado pelo autor.

Graças a essa harmonia, que nada mais é do que a expressão racional da fé deweyana na democracia como o modo mais perfeito de viver, Dewey parece ter reencontrado a continuidade entre crenças intelectuais e crenças morais. Dessa forma, julga ele estar se utilizando das novidades introduzidas pela revolução na ciência causada por Galileu sem, no entanto, correr o risco de separar de forma irreparável os valores dos fatos, o que deve ser do que é, a filosofia da ciência. A nosso ver, trata-se no entanto, de uma adoção por parte do autor, do modelo grego de solucionar o problema da conciliação entre os dois mundos em questão. Dessa forma, a observação feita pelo autor aos gregos pode ser devolvida a ele próprio ou à solução que ora adota. Também em meio a esse mundo não há mais lugar para conflitos entre fatos e valores, razão e fé, conhecimentos e crenças, ciência e filosofia, porque os objetos da ciência são acima de tudo valores, constituem as coisas que admiramos e que, conseqüentemente, têm o dom de nos satisfazer vitalmente no momen-

---

30. Cf. *idem*, p. 80.

to em que as conhecemos. Parodiando suas próprias palavras, podemos dizer que enquanto as ciências grega e medieval configuram uma arte de aceitar as coisas da forma como são apreciadas e experimentadas, a ciência moderna é uma arte de controle, mas de controle de coisas apreciadas, experimentadas e, por isso mesmo, valorizadas pelo ser humano[31].

Nesse sentido, cremos estar fazendo justiça ao pensamento do autor, se dissermos que em meio ao seu mundo o que aconteceu não foi uma revolução copernicana conforme procurou salientar, mas uma simples inversão de nomes ou rótulos para designar o conteúdo da ciência. Em verdade, o que é chamado por ele de ciência parece nada mais ser do que filosofia. E, mais uma vez, podemos dizer que se houve, "excepcionalmente neste caso", uma conciliação dos opostos ser e deve ser, ciência e filosofia é porque, na verdade, estes nem mesmo chegaram a existir, pois a única condição para a cidadania em meio a esse mundo é a submissão ao crivo da experiência humana. E esta, como sabemos, não só não está alheia àqueles valores próprios do modelo democrático de viver, como também por ele se deixa reger inteiramente.

Retomando afirmações feitas no segundo capítulo, podemos dizer que esta filosofia nada mais é do que o fruto de uma tentativa fervorosa, por parte do autor, de justificar racionalmente a sua inabalável fé na forma democrática de vida. Trata-se mais uma vez da filosofia da democracia, a única capaz de expressar com fidelidade os anseios da religião da democracia. Essa religiosidade do autor parece ser em grande parte responsável por uma certa ambigüidade implícita em seu pensamento. Como sabemos, Dewey empenha-se em mostrar que o homem

31. O autor expressa-se do seguinte modo: "A ciência grega e a medieval representam uma arte de aceitar as coisas tal como são sentidas e desfrutadas por nós. A ciência experimental moderna constitui uma arte de controle" (*The Quest for Certainty*, pp. 99-100.)

está na natureza como mais um elemento dentre os outros aí existentes e, assim sendo, sujeito ao mesmo processo de evolução universal, ou melhor dizendo, o autor sente grande satisfação em afirmar que entre o homem e os demais seres da natureza não existe qualquer diferença total de classe, mas simplesmente de nível de complexidade. Assim sendo, julga possível reintegrar o homem, com tudo o que lhe pertence, na estrutura da evolução universal, sem todavia roubar-lhe o que o distingue e exalta entre os seres vivos. Para tanto, naturaliza a inteligência e ao fazê-lo considera que está propiciando a sua liberação e sua expansão e não sua fixação ou sua restrição[32]. Esta parece ser a grande preocupação do autor, isto é, como sustentar a mais harmônica continuidade entre o homem e a natureza e, ao mesmo tempo, reconhecer as extraordinárias diferenças que caracterizam as atividades e as realizações dos seres humanos em relação às outras formas biológicas, tudo isso tendo em vista a satisfação de sua sede de unidade desde muito cedo presente em seu pensamento.

De fato, a naturalização do homem e de sua inteligência parecia ser um passo suficiente, rumo à solidificação de sua crença na unidade do mundo, desde que não fosse igualmente vital para o autor o reconhecimento das extraordinárias diferenças que, apesar de tudo, sentia permearem as realizações especificamente humanas. Afinal, a fé na capacidade inteligente do homem em realizar seu destino segundo os valores e os ideais mais nobres e dignos parece ser um dogma do credo democrático. Para defendê-lo juntamente com a sua crença na unidade do mundo que, como vimos, apresenta também um sabor inteiramente democrático, o autor parece ter alterado completamente o rumo de suas investigações. Se como ponto de partida defendeu a idéia da reintegração do homem,

32. Cf. *idem*, p. 215.

com tudo o que lhe pertence, na estrutura da evolução universal, como ponto final ofereceu-nos uma natureza impregnada de ideais e propósitos humanos. Esta parece ser a grande ambigüidade existente em seu pensamento. Ao tentar naturalizar o homem com vistas à satisfação do seu desejo emocional intenso de caracterizar um mundo uno, Dewey acabou por humanizar, moralizar, dignificar, purificar a natureza graças aos valores e ideais humanos que parecem permeá-la inteiramente. E, assim sendo, o homem que deveria ser reintegrado ao processo de evolução universal surge como elemento de posição verdadeiramente privilegiada nesse mesmo processo, graças à sua experiência dotada de inteligência. Se em um primeiro momento o autor busca encontrar na afirmação do princípio de continuidade entre o homem e a natureza um apoio racional sólido para sua fé democrática inicial, ele acaba por forjar um aparato racional para instrumentalmente fundamentar essa fé vital. Sim, o que conseguimos obter depois de sua longa caminhada parece ser o inverso do que ele mesmo se propusera realizar, pois ao invés de uma naturalização pura e simples do homem, que poderia ser o caminho desejado para justificar o ideal da organização democrática, mas não de uma organização democrática "liberal", o que de fato ocorreu, se considerarmos o conjunto de sua filosofia, foi uma humanização do mundo ou, em outras palavras, a criação de um conceito de mundo, o único congruente com sua fé democrática original. E certamente este conceito de mundo não é o do evolucionista, pelo menos daquele evolucionista para quem o homem está sujeito às mesmas leis da evolução universal, e por isso mesmo em nada se distinguindo das outras coisas.

O resultado obtido foi a idealização de uma natureza capaz de satisfazer o seu desejo inicial de naturalizar o homem, sem roubar-lhe contudo o caráter de um ser privilegiado, isto é, capaz de reger seu próprio destino e, portanto, capaz de atribuir às coisas um significado de valor, significado este que a simples linguagem realista da ciência, por si mesma, não poderia oferecer. Salvo a ironia, houve uma certa naturalização do homem, mas esta efetuou-se em meio a uma natureza toda especial por já ser produto da experiência humana. Afinal, o que é a natureza senão o reflexo fiel, verdadeiro e único da própria experiência humana democrática? Como não poderia deixar de ser, em tal natureza nada é, tudo vale, e nesse sentido não parece ter sido difícil ao autor "conciliar" o ser e o dever ser, razão e fé, ciência e filosofia... ou ainda, interpretando suas próprias palavras: aceitar a ciência e conservar "por meio dela" o reino dos valores[33].

A partir dessas considerações podemos perceber que nada há de estranho no fato de Dewey clamar por uma ciência "humanística" e não simplesmente física ou técnica[34]. De fato, ele se utiliza do método científico e da inteligência para produzir conseqüências humanas, isto é, para realizar os valores e propósitos inerentes ao modo democrático de viver, o único que, como vimos, se coaduna com os princípios que regem a própria vida. No entanto, esses propósitos e esses valores estão, como vimos, dentro da natureza que, ao incluir em seu seio o homem assim como a sua inteligência, adquiriu um novo *status*. Trata-se de uma natureza teleológica, pois, como o autor salienta, ela inclui a inteligência humana que apresenta essa característica marcante[35]. Ora, a ciência que deverá atuar nessa natureza só pode ser "humanística" porque trata com uma natureza humanizada, fortemente marcada que é pela experiência inteligente do homem. O encaixe,

---

33. "Como é possível – pergunta-se Dewey – aceitar a ciência e conservar ao mesmo tempo o reino dos valores?", *idem* p. 41.
34. Cf. *Individualism Old and New*, p. 38.
35. Cf. *The Quest for Certainty*, p. 246.

mais uma vez, se nos apresenta perfeito e é talvez em nome dessa necessidade vital de defender a continuidade entre o homem e a natureza em oposição à ruptura, à separação que a ambigüidade, encravada no pensamento do autor, salienta-se a nós de forma mais evidente. Isso porque o método científico, que levou Galileu a inaugurar a física moderna e que Dewey parece prezar com tanta dedicação, pressupõe como seus princípios a exclusão de qualquer finalidade na ocorrência puramente natural, de qualquer projeção de valores humanos no mundo objetivo e portanto a exclusão de qualquer forma de animismo. Dewey, ao defender a utilização de semelhante método, parece esquecer-se de que este, desde suas origens, se apóia numa concepção de mundo que nada tem a ver com aquela que nos apresenta sua obra. A natureza, conforme nosso autor a concebe, é inteiramente permeável aos desejos e propósitos humanos e, assim sendo, a única ciência a que faz jus é aquela igualmente dotada de sensibilidade para captar as fortes ondas de valor aí existentes.

O método científico de Galileu, tão louvado por Dewey no sentido de ser capaz de exercer controle jamais igualado sobre uma natureza rebelde, parece ter sofrido uma verdadeira alteração em sua missão. O referido método deverá atuar de forma a extrair da natureza os ideais e valores que a constituem, consolidando assim, mais uma vez, a pretensão do autor de evitar as diferentes formas de dualismos através da defesa da mais completa continuidade entre o homem e a natureza. Este parece ser o amplíssimo alcance atribuído pelo educador americano ao método científico, a despeito mesmo das intenções bastante diversas dos criadores da ciência moderna. Mais uma vez, não podemos negar a Dewey o mérito de ter defendido insistentemente a sua posição antidualista inicial, mesmo que para isso fosse necessário fazer do mundo uma expressão autêntica da experiência humana. Assim sendo, o autor tem toda a razão ao afirmar com o devido orgulho que "...ao invés de materialismo, nosso *idealismo* é provavelmente a mais elevada e mais freqüentemente professada filosofia de que o mundo jamais teve notícia"[36]. Enquanto na superfície do seu pensamento Dewey parece subjugar o homem ao manto protetor da natureza, na verdade o que realmente acontece em suas profundezas é a submissão da natureza aos valores e propósitos distintivamente humanos.

Se nem os valores e os ideais quebram a continuidade natural tão insistentemente definida por Dewey como a pedra fundamental de seu sistema, se nem mesmo eles causam desníveis, brechas ou rupturas nesse vir a ser contínuo da natureza, à filosofia não resta outra saída senão a de descer de seu trono de contemplação da verdade para buscar compreender e orientar essa avalanche de transformações contínuas[37]. A filosofia dentro do universo deweyano jamais poderia manter-se isolada dos problemas reais da vida. Como sabemos, a vida, de modo geral, identifica-se com a vida, conforme os princípios verdadeiramente democráticos. E, se a filosofia deve refletir sobre as necessidades congruentes com a vida atual, então a ela cabe encarar tais necessidades nitidamente sob o ângulo dos fins e valores democráticos que devem reger todas as fases de nossa vida. Tão certo está o autor quanto ao rumo que a humanidade "necessariamente" irá tomar, a ponto de acreditar fervorosamente que "...qualquer filosofia que seja o resultado sincero e a expressão de nossa própria civilização é melhor do que nenhuma, desde que ela fale o idioma autêntico de uma experiência incorporada, duradoura e dominante"[38]. De que experiência se trata senão da que expressa a fé no modelo de-

---

36. JOHN DEWEY, *Individualism Old and New*, p. 13. (O grifo é nosso.)

37. Cf. *Philosophy and Civilization*, p. 55.

38. *Idem*, p. 11.

mocrático de viver? Sendo assim, ele não pode sequer temer que uma filosofia possa surgir como expressão autêntica de qualquer outra civilização diferente desta que tem diante de seus olhos, a única verdadeira. Não está sequer consciente do perigo que ameaça semelhante afirmação, dada a confiança inabalável de que tudo só pode ser assim porque assim deve ser, não comportando qualquer interrogação. Dewey clama pela participação ativa da filosofia nas lutas e nos debates da vida do seu tempo. Exige mesmo que ela entre no palco onde se desenrola a luta do homem pela sobrevivência com o fito de ajudá-lo a encontrar a justa solução para seus problemas. Em *Reconstrução em Filosofia* sentimos a sinceridade do homem que luta insistentemente por agarrar em suas mãos o presente com sua problemática que clama por urgência. O presente, o atual, o existencial é o problemático, o que se apresenta ao homem como dificuldade cheia de arestas e difícil de manejar. "O conhecimento do passado – declara Dewey – tem significado somente quando aprofunda e amplia nosso entendimento do presente"[39]. Dewey faz com que tudo gire em torno do presente, do atual, do existente por julgar que subordinar o presente ao futuro seja o mesmo que subordinar o que está sob controle ao que é relativamente incontrolável[40].

Vejamos, então, em que sentido Dewey reconhece a necessidade de contrabalançar especialização científica com compreensão geral ou filosófica. Os filósofos foram durante longo tempo aqueles que possuíam a ciência universal. Ainda hoje, apesar da multiplicidade das ciências particulares, da diversidade e complexidade dos métodos que tornam impossível a acumulação de todos os conhecimentos humanos em um só espírito, o filósofo permane-

---

39. JOHN DEWEY, "Liberalismo e Ação Social, in *Liberalismo, Liberdade e Cultura*, p. 75.
40. Cf. *Human Nature and Conduct*, p. 267.

ce o homem da ciência universal. Embora ele não possa vir a saber tudo, nada impede que ele não deva se colocar em situação de aprender. No entanto, não é desse ideal de uma integração teórica completa do conhecimento, sempre buscado pela filosofia, que Dewey nos fala. Para ele, esse ideal de produzir uma totalidade intelectual não passa de algo impossível de ser atingido, de um verdadeiro milagre[41]. Ele reconhece a necessidade prática e humana de integrar os resultados especiais da ciência e o que é mais sério, acredita que a filosofia seja capaz de contribuir para satisfazê-la, utilizando-se também do método próprio da ciência. Parece estar atribuindo à filosofia a tarefa de apoderar-se da ciência feita e de conduzi-la, por meio de seus resultados em graus crescentes de generalidade, para uma verdadeira unificação do saber. Então, é como se em um determinado momento das investigações científicas seus responsáveis chegassem ao filósofo e lhe entregassem as conclusões obtidas, para que este, munido de tal material (visto que o filósofo deve também ater-se aos fatos observados dentro do mesmo gênero de trabalho, isto é, limitar-se como o cientista a induzir e deduzir), pudesse então ao final de certo tempo entregar-lhes em troca, como que num passe de mágica, conclusões mais gerais e por isso mesmo mais completas. Bergson insurge-se contra tal aspiração: "Que estranha pretensão esta de o filósofo conseguir avançar mais longe do que a ciência e na mesma direção?"[42] Como é possível à filosofia utilizar-se dos mesmos procedimentos que a ciência e elevar-se mais alta do que ela na generalização dos fatos? Na verdade, uma tal concepção do papel do filósofo parece injuriosa para a ciência, mas quão mais injuriosa

---

41. Cf. *The Quest for Certainty*, p. 312.
42. HENRI BERGSON, *La Pensée et le Mouvant. Oeuvres*, 3. ed., Textes annotés par André Robinet, introduction par Henri Gouhier, Paris, Presses Universitaires de France, 1970, p. 1359.

ainda para a filosofia![43]. Diante de tudo o que foi visto, podemos afirmar que não há nada de injurioso na concepção deweyana do papel do filósofo. De fato, o filósofo pode conseguir avançar mais longe do que a ciência e na mesma direção que ela, desde que nos lembremos de que a ciência deweyana parece destacar-se por sua preocupação em justificar racionalmente os valores que devem reger a conduta humana com vistas a um destino que possa coadunar-se com a sua nobreza e dignidade.

É nesse sentido que podemos entender o papel que Dewey efetivamente atribui à filosofia, isto é, de ser um método de resolver os problemas do homem em suas relações com as condições reais da vida presente. Afinal, esses problemas dizem respeito, como sabemos, à necessidade de conciliar as suas crenças sobre os valores que devem dirigir sua conduta. Então, se ela é um agente do enlace entre as conclusões da ciência e os modos de ação social e pessoal, ela pode excepcionalmente pretender alcançar graus mais elevados de generalização para os resultados da ciência. Isso porque, na verdade, esses nada mais são do que crenças, conforme procuramos salientar, e a sua generalização em grau mais alto limita-se à sua aplicação ao campo das relações sociais.

Contrariamente ao que se poderia pensar de um homem entusiasmado com o poder extraordinário da ciência, Dewey não está perdido em meio a essa abundância a perguntar-se: "Para onde vou?", "Onde estou?", "Quem sou?" Na verdade, nosso autor sempre se mostrou seguro com relação ao destino do homem e da humanidade de um modo geral. Dessa forma, ele nunca sentiu arder dentro de si a ânsia por uma perspectiva íntegra, por uma paisagem total, abrangente, integral, como é o caso do homem que se perde em meio à avalanche da especiali-

---

43. Cf. *idem*, p. 1360.

zação científica. Perigo este evidenciado constantemente pelo autor a ponto de fazer incluir no próprio corpo da ciência um antídoto para o veneno que a especialização científica representa. De fato, a própria ciência que encerra todo o conhecimento que alguém pode ter em meio a esse mundo pode fornecer ao homem uma paisagem completa, total e abrangente, pois pode orientá-lo na escolha dos valores que deverão ajudá-lo a compor a sua continuidade com o mundo que o cerca. Por isso não é vedada à filosofia a possibilidade de fazer homens felizes; felizes porque inteligentes, e inteligentes porque confiantes na capacidade que têm de construir seus destinos com vistas aos mais altos ideais humanos. Dewey acredita que a filosofia, renunciando ao estéril monopólio da Realidade Suprema e Absoluta, terá a compensação de esclarecer as forças morais que regem a humanidade e contribuirá para que os homens atinjam suas aspirações, conquistando uma felicidade mais organizada e inteligente[44]. A inteligência, um instrumento natural do homem, é em si mesma um bem e um bem capaz de responder pela segurança que o homem é obrigado a buscar, na medida em que vive em um mundo onde reina o acaso[45].

Trata-se da inteligência estruturada, originalmente, com vistas ao aspecto mais especificamente humano de nossa natureza, qual seja, o aspecto social. Este prende-se a uma concepção de sociedade, onde não existem barreiras para um relacionamento flexível entre os homens, a uma sociedade verdadeiramente democrática, a única capaz de acabar, do ponto de vista prático, com todos os males que perseguem a humanidade desde suas origens mais remotas. Como sabemos, do ponto de vista teórico, ele busca seu apoio na continuidade que supõe encontrar entre a natureza e a experiência. Logo, nada escapa às

---

44. Cf. *Reconstruction in Philosophy*, p. 45.
45. Cf. JOHN DEWEY, *The Quest for Certainty*, pp. 3-4.

tramas desse mundo uno em sua perfeita continuidade. Afinal, não há mesmo como se sentir inseguro e pessimista em meio a esse mundo qualificado e valorizado pelo homem, que, então, pôde aí encontrar tudo o que deseja, porque aí mesmo tudo colocou. Estamos diante de um homem que crê e por isso sente-se seguro mesmo em meio a um mundo que possa às vezes lhe parecer caótico. Ele crê no valor da inteligência humana para construir uma "ciência" e uma filosofia que expressem verdadeiramente essa civilização "absolutamente" democrática. Para tanto, colocou como vimos o germe da sociabilidade em meio à estrutura original da natureza humana. Ele está certo de que tudo acontecerá conforme os princípios da experiência compartilhada. Mesmo quando parece penitenciar-se quanto ao estreitamento que causou à missão da filosofia, Dewey o faz de modo descontraído e firme:

> Eu tenho atribuído à filosofia uma função mais humilde do que aquela que, freqüentemente, lhe assinalam. Mas modéstia, em última instância, não é incompatível com audácia na manutenção dessa função humilde como possa ser. Uma combinação de modéstia e coragem proporciona o único meio que conheço para que o filósofo possa olhar seu companheiro na face com franqueza e com humanidade[46].

Essa atitude confiante não é própria de um homem que está preso simplesmente às contingências do espaço e do tempo, como ele próprio se esforça por nos mostrar através de toda a sua obra. Na verdade, toda essa segurança e otimismo com relação à situação do homem no mundo parece conter um certo sabor de eternidade, de perfeição, de universalidade, isto é, de algo enfim que escapa àquilo que é empírico, concreto e prático, simplesmente. Ressaltamos suas próprias palavras que parecem comprovar nossas suspeitas:

46. *Philosophy and Civilization*, p. 12.

Provavelmente exista nas idéias conscientemente articuladas de todo pensador uma insistência definida sobre aquilo que contraria suas tendências naturais, uma ênfase sobre o que é contrário à sua inclinação profunda e que, portanto, o obriga a lutar para exprimi-las, enquanto a inclinação natural, por sua vez, pode expressar-se livremente. De qualquer maneira é preciso anotar que a ênfase sobre o concreto, empírico e "prático" em meus escritos deve-se, em parte, a considerações dessa natureza. Era uma reação contra o que era mais natural e serviu como um protesto e proteção contra alguma coisa em mim que, devido à pressão de pesadas experiências reais, eu sabia ser uma fraqueza[47].

Apesar de forçar a sua natureza e procurar enfatizar o concreto, o empírico e o prático, ele nunca deixou de revelar que tudo estava apoiado em algo que não se movia, que não podia sofrer qualquer alteração, porque nunca esteve aberto à discussão ou à dúvida, visto tratar-se de uma fé, produto de uma crença. Fé na inteligência humana que, uma vez disciplinada, transforma-se numa verdadeira potência criadora capaz de orientar o homem na escolha de seu próprio destino. E crença no modo de viver democrático, como o mais humano de todos, o único verdadeiro porque o único que responde pelas necessidades vitais do homem, uma vez que a seu ver a própria estrutura biológica do ser humano está organizada segundo os mesmos princípios democráticos.

3. O Modelo Democrático de Vida e a Educação

Estamos diante de um modelo de perfeição, em função do qual o homem deweyano deverá "conformar-se". Aliás, só em função dele podemos compreender toda a riqueza que a expressão aperfeiçoamento encerra para o autor. Sabemos que ele faz provir a virtude moral do crescimento constante ou do aperfeiçoamento cujo único

---

47. JOHN DEWEY, *From Absolutism to Experimentalism*, pp. 16-17.

fim é mais crescimento e mais aperfeiçoamento[48]. Nada melhor do que as próprias palavras do autor para ilustrar nosso ponto de vista:

> O mau homem é aquele que, sem se levar em consideração quão bom ele tenha sido, está começando a deteriorar-se, a tornar-se pior. O bom homem é aquele que, sem se levar em consideração quão moralmente indigno ele tenha sido, está em vias de tornar-se melhor[49].

É bem certo que crescimento e mais crescimento constituem o único fim moral para o autor. No entanto, se isso acontece não é sem a definição de um modelo final e último de crescimento ou de aperfeiçoamento. De fato, este modelo implícito em sua fé no modo de vida democrático está tão enraizado no pensamento do autor que ele não parece ter sequer consciência do seu papel real de modelo. A democracia, pois, é vista pelo autor como uma verdadeira aspiração de progresso e nesse sentido talvez não o desperte para o fato de constituir um modelo, porque afinal de contas não diz respeito a nada estático, pronto e acabado.

Assim é que a educação, o verdadeiro instrumento do qual o autor se utiliza para provocar mais crescimento e mais aperfeiçoamento, também tem em vista este mesmo modelo para orientar os seus passos. É justamente nesse sentido que Dewey considera educação como vida, e viver é desenvolver-se, é crescer. Ora, vida e crescimento não estão subordinados a nenhuma outra finalidade, salvo mais vida e mais crescimento[50]. Há implícito dentro do próprio conceito de vida um modelo padrão, o único capaz de nortear o reto desenvolvimento da própria vida. O

---

48. JOHN DEWEY, *Reconstruction in Philosophy*, p. 141.
49. *Ibidem*.
50. Cf. *Democracy and Education*, pp. 60-61.

autor refere-se a ele, ao afirmar que o mencionado crescimento deve ter em vista objetivos sociais. Garante-nos ainda que de outro modo o critério democrático de educação não poderá ser consistentemente aplicado[51]. Na verdade, existe um critério democrático como o único apoio sólido para caracterizar a própria vida. Que critério é esse senão aquele que determina o uso do método da inteligência, ou inteligência, ou reflexão como fator responsável pelo restabelecimento da continuidade experiencial, reflexo da continuidade e do crescimento da própria vida? Isso porque a própria vida é, para Dewey, vida reflexiva. E o crescimento próprio da vida, entendendo vida como vida reflexiva, é o crescimento da inteligência[52]. Dissemos crescimento porque temos que exercitar o hábito geral de refletir bem, uma vez que esse hábito cresce de tendências inatas originais[53].

Como sabemos, Dewey define a educação como aquele processo de reconstrução ou reorganização da experiência por meio do qual percebemos melhor o seu significado e, assim, habilitamo-nos melhor a dirigir nossas experiências futuras[54]. Como não poderia deixar de ser, esse ideal de contínua reconstrução ou reorganização da experiência está incluído no critério democrático a que nos referimos. E, sendo assim, tem como objetivo o aumento do reconhecido significado ou conteúdo social da experiência, bem como da capacidade dos indivíduos para agir como guardiães dessa reorganização, sempre através do uso da inteligência, o único instrumento verdadeiramente hábil para tanto. Aliás, a contínua reorganização e reconstrução da experiência pela reflexão constitui, como vimos, a característica mais particular da vida humana, desde que emergiu do nível puramente animal

---

51. Cf. *idem*, p. 115.
52. Cf. *Human Nature and Conduct*, p. 283.
53. Cf. JOHN DEWEY, *How We Think*, p. 35.
54. Cf. *Democracy and Education*, pp. 89-90.

para o nível mental ou espiritual. Se a educação vai possibilitar a realização máxima do crescimento do homem e se entendemos por crescimento aquele próprio da vida, mas de uma vida reflexiva, nesse caso, a educação deverá propiciar o desenvolvimento do pensamento reflexivo. Nesse sentido, Dewey manifesta-se de modo bem claro: "Aprender é aprender a pensar"[55]. Ou, ainda em outra passagem: "A reflexão é o método de uma experiência educativa. O que é essencial para o método o é também para a reflexão"[56]. Então, o método científico identificado com o método da inteligência é também o método de educar. Tudo se encontra na mais harmoniosa continuidade.

À "ciência" é dado conhecer tudo o que podemos conhecer, enquanto à filosofia é dado pensar tudo o que o conhecimento adquirido pela ciência exige de nós. Em outras palavras, ela pensa as atitudes que devem corresponder às novidades introduzidas no mundo pelo conhecimento científico. Não dissemos, afinal, que a missão da filosofia consiste em estabelecer a continuidade entre as crenças do homem a respeito do mundo em que vive e aquelas correspondentes aos valores e aos propósitos que devem dirigir a sua conduta? Então, nada mais fácil na medida em que o conhecimento é também uma crença, pois desprende-se daquele mundo valorizado e qualificado pelo homem. Assim, à filosofia ou método da inteligência não fica difícil conciliar aquilo que na origem já se encontra na mais perfeita harmonia. Não fica sequer difícil também entender porque Dewey considera a filosofia como a teoria geral da educação[57]. Recapitulemos de forma bastante resumida a evolução do pensamento do autor para que assim possamos justificar a referida concepção

---

55. *How we Think*, p. 78.
56. *Democracy and Education*, p. 192.
57. *Idem*, p. 383.

de filosofia. Dissemos que o objetivo central do autor é o de abolir os dualismos tão nefastos ao pensar filosófico. Nesse sentido, ele encontra apoio, do ponto de vista prático, na organização de uma sociedade cuja estrutura comporta um relacionamento social flexível. Vimos como essa sociedade configurou-se como sendo a democrática, isto é, aquela capaz de conter a diversidade na unidade. Vimos, também, como a confiança, depositada pelo autor, nesse modo de viver acabou por revelar toda a sua fundamentação religiosa. Tratava-se de uma verdadeira fé para a qual o autor procurou apoio racional, dizendo que do ponto de vista teórico ela se alicerçava na continuidade existente entre experiência e natureza. Ele procurou justificar racionalmente aquilo que era o produto legítimo de um desejo emocional intenso, de uma fé. Ele projetou a sua experiência de vida idealizadamente democrática sobre a natureza, que, dessa forma, passou a espelhar aquela experiência que lhe foi projetada.

Foi fácil para o autor reivindicar a continuidade entre experiência e natureza, pois ambas são na realidade uma e mesma coisa, isto é, experiência naturalizada ou natureza humanizada. Apoiado nessa construção teórica, julgou o autor ter acabado com o conflito tão incômodo entre naturalismo e humanismo. Com efeito, se o mundo verdadeiro é o mundo desejado e crido como verdadeiro, a tarefa, mais uma vez, não foi das mais difíceis. Se Dewey pretende mostrar que o produto de sua construção foi o de uma experiência naturalizada sem contudo roubar da experiência aquilo que ela tem de propriamente humano, na realidade, nos apresenta como produto verdadeiro uma natureza totalmente permeável à ação e à criatividade humana. Em meio a esse mundo, império do homem e não mais da natureza, como pretende Dewey, a única filosofia possível é aquela que se resume numa teoria geral da educação. Afinal, a formação do homem é o que existe de mais importante enquanto tarefa de vida. Se a ciência introduz "novidade" através do conhecimento, a filosofia utiliza-se da educação para realizá-la. É o próprio autor quem nos diz que a educação é o laboratório no qual distinções filosóficas se concretizam e são testadas[58]. É como se a filosofia, via educação, pudesse modificar atitudes mentais e morais para que estas se adaptassem ao avanço da ciência, que, diga-se de passagem, é quem comanda as ditas modificações. Assim, o círculo se fecha.

Como sabemos, a ciência que tem lugar neste mundo é aquela que nos leva a conhecer de forma cada vez mais eficiente e precisa tudo aquilo que o credo democrático traz implícito em si mesmo:

...é dever do homem trabalhar persistente e pacientemente para o esclarecimento e desenvolvimento do credo positivo de vida implícito na democracia e na ciência, e trabalhar pela transformação de todo instrumento prático da educação até que esteja em harmonia com aquelas idéias. Enquanto isto não acontecer, é melhor que nossas escolas não façam nada, do que fazer coisas erradas. É melhor para elas apegarem-se às suas tarefas mais urgentes do que, em nome de uma cultura espiritual, formar hábitos mentais que estejam em guerra com aqueles congruentes com a democracia e com a ciência. Não é indolência, nem ceticismo que clamam pela política do laissez-faire; mas sim – honestidade, coragem, sobriedade e fé[59].

Trata-se aqui de concretizar a fé na democracia como a única forma de vida digna do ser humano. Esta nos informa a respeito dos destinos do homem e do mundo. Ou melhor, ela nos informa que o homem deverá necessariamente evoluir com vistas a concretizar esse modelo de vida e, para tanto, deverá esforçar-se deliberadamente por

---

58. Cf. *idem*, p. 384.
59. JOHN DEWEY, "Religion and our scools", in *Characters and Events. Popular Essays in Social and Political Philosophy*, edited by Joseph Ratner, vol. II, New York, Henry Holt and Company, 1929, p. 507.

manter-se em interação com essa natureza sábia, porque permeada por valores que ele próprio aí colocou, devendo incentivar ao máximo a mútua cooperação entre os seus semelhantes.

É dessa forma e somente dessa forma que Dewey pode admitir que a reconstrução da filosofia da educação e dos ideais e métodos sociais caminham passo a passo[60]. Na verdade, tudo deve refletir o ideal de um mundo perfeitamente democratizado. E, se tudo e todos caminham "necessariamente" para um único e mesmo fim, é justo que se dêem as mãos. O pensamento científico não pode reinar só, segundo Dewey. Há, no mundo concebido por ele, lugar para uma forma de verdade que, embora se expresse sob forma laica, se fundamenta em alicerce profundamente religioso. Ciência e arte, poesia, moral, religião, todos estes elementos estão como que confundidos ou, mais ainda, fundidos uns nos outros, fazendo-nos recordar da estrutura das sociedades primitivas, onde o estado de indivisão é uma característica marcante.

Podemos concluir que, se de um lado a filosofia deweyana não nos apresenta nenhuma promessa espetacular de salvação com vistas a um outro mundo no além, tendo um caráter essencialmente científico e laico, de outro lado ela expressa uma forte confiança no poder do pensamento e na ação inteligente do homem para resolver os problemas que afetam a humanidade. Que nem tudo está perdido é a grande lição da filosofia deweyana. Em suas entrelinhas ela encerra a promessa de um futuro risonho e feliz para o homem que vive na mais harmoniosa interação com a natureza e com os outros homens e que crê na possibilidade de chegar a uma vida justa, mediante a participação aberta nos assuntos terrenos e não mediante uma resignação melancólica.

---

60. Cf. *Democracy and Education*, p. 386.

4. REALIDADE E VALOR: A QUESTÃO PERMANENTE

Dewey percebeu muito bem que o desenvolvimento da ciência, cada vez mais, fez aumentar a lacuna entre o mundo dos fatos e o mundo dos valores. No entanto, na tentativa de reaproximá-los e assim restabelecer a continuidade entre eles, Dewey utilizou os moldes do que chamou de Revolução Copernicana. Conforme vimos anteriormente, o autor fez uma verdadeira inversão de posições: a filosofia que guiava, que orientava os passos dados pelo homem em sua conquista do mundo, passou a ser conduzida pela ciência, devendo esta impor seu instrumental ao campo filosófico e encaminhar-lhe os resultados a serem integrados num sistema total. Deixa transparecer em sua obra uma necessidade profunda de que a vida individual, a social, a intelectual, assim como toda nossa civilização, venham a encontrar na ciência experimental seus princípios mais seguros, o seu apoio, enfim. O mais importante é que o autor imagina, a partir disso, poder abolir os dualismos tão nefastos ao pensamento filosófico restabelecendo assim a continuidade entre o mundo dos fatos e o dos valores, entre a ciência e a filosofia.

Trata-se de um apego excessivo ao brilho da ciência experimental, mas esse modo de certeza não exclui outros, nem mesmo no universo deweyano, como à primeira vista seria possível pensar. Isso porque a imagem do mundo proposta pela filosofia de Dewey é uma imagem integralmente comprometida com os valores e as qualidades humanas da vida associada. Referimo-nos, mais uma vez, àqueles valores próprios à forma democraticamente humana de viver. É como se este mundo nada mais fosse do que o produto fiel e verdadeiro de uma crença, ou seja, da crença que o autor nutre pelos valores da vida humana associada, segundo os padrões democráticos, crença esta que despertou nele o desejo intenso de unidade, o desejo de um mundo verdadeiramente uno, graças à flexibilidade das interações entre os seres que o compõem. Esses seres, embora diversos, não são estranhos uns aos outros, numa prova evidente de que pertencem a uma mesma e única grande família. Como membros dela, encontram-se em situação de igualdade a compor a linha de continuidade que caracteriza, segundo o autor, a estrutura da evolução universal. Tudo isso simbolizando uma ausência de distinção de classes a nortear a organização da estrutura "sócio-universal".

Não podemos estranhar que, em meio a esse mundo, a ciência, representando o único conhecimento possível, possa nos informar não só sobre a veracidade de nossos pensamentos a respeito dos fatos aí registrados, como sobre a validade de nossa conduta. Com efeito, as próprias coisas que povoam esse mundo, na medida em que são permeáveis à valorização humana, podem orientar nosso pensamento e nossa conduta. Então, se a verdade nada mais é que o produto de uma crença, como procuramos mostrar, a conciliação pretendida pelo autor entre o mundo dos fatos e dos valores, entre ciência e filosofia tornou-se uma realidade. Todavia, trata-se de uma realidade que não é senão o produto da experiência humana e como tal qualificada e valorizada pelo homem. O homem e sua atividade podem perfeitamente estar reintegrados na estrutura da evolução universal, sem que isso venha causar-lhe qualquer prejuízo em relação aos valores que lhe são mais caros, pois são esses mesmos valores que orientam a organização de semelhante estrutura. Como poderia, então, haver qualquer ruptura de continuidade entre aquilo que é e o que deve ser, entre os fatos e os valores, entre a ciência e a filosofia, entre o homem e a natureza, se à ciência cabe mesmo a tarefa de gerar valores, de orientar nossas ações, de nos dizer como tudo deve ser?

Fruto dessa visão humanamente valorizada do mundo, torna-se possível a Dewey colocar em ação o seu tão famoso instrumentalismo sem que isso prejudique em algum momento a atividade distintivamente humana, pois o único e valioso instrumento encontra-se nas mãos do próprio homem: a sua inteligência. Esta é responsável pela criação, passo a passo, do mundo e, dessa forma, é o único instrumento capaz de mantê-lo continuamente em sua vasta e plena unidade. A ela, e unicamente a ela, é dado o poder de progressivamente desvendar o "segredo" da construção do mundo, porque, afinal, foi ela que o construiu e os passos que a orientaram em semelhante feito confundem-se com os do seu próprio desenvolvimento ao cumprir tão importante missão. Dessa forma, fica claro o motivo de tão grande fé nas possibilidades da inteligência humana compartilhada por todos e no esforço sempre conjunto rumo à conquista do bem comum. A inteligência é o instrumento escolhido pelo autor para aferir o valor de tudo o que acontece no universo e assim nos conduzir ao bem comum. Ela é capaz de nos informar a respeito da funcionalidade ou não de uma crença, do restabelecimento ou não da continuidade e da unidade experiencial como a única garantia de que caminhamos progressivamente em direção à conciliação entre o real e o ideal. É como se lhe fosse dado o poder de transformar o vale de lágrimas em paraíso para todos, desde que empenhados em cooperar para a realização eficaz de semelhante missão terrena. Esse poderio quase mágico da inteligência provém da experiência. Afinal, procuramos mostrar que em meio a esse mundo tudo adquire uma qualificação especificamente humana. Então, a inteligência, instrumento tão misteriosamente capaz, não passa de um bem, um valor e assim adquire seu status em meio à estrutura do mundo.

A partir de tais considerações, julgamos importante perguntar: qual o objetivo do instrumentalismo? Tal questão nos mostra que o instrumentalismo deweyano pode permanecer a nossa frente como um verdadeiro fantasma, se não procurarmos explicitar os valores últimos que o sustentam. Tarefa das mais embaraçosas, uma vez que este parece ser, à primeira vista, sem profundidade e sem alicerce maior ou mais amplo que aquele oferecido pela experiência. No entanto, se considerarmos que a própria experiência pessoal não é pura e simplesmente o produto da interação entre um indivíduo qualquer e um meio qualquer podemos praticamente desvendar o "segredo" que parece envolver o pensamento de John Dewey, na medida em que este pretende resumi-lo no instrumentalismo. Não temos a intenção de contrariar Dewey em suas conclusões a respeito do mundo que construiu. Tudo aí parece revelar um caráter nitidamente instrumental: as idéias e o pensamento, a investigação e a ação, o conhecimento e a verdade, os valores e os ideais, o interesse e o esforço, o homem e a sociedade, a legalidade e a moralidade, a escola e as demais instituições, Deus e o sentimento religioso, a filosofia e a educação, a própria inteligência, tudo enfim. Mas instrumental com vista a quê? É justamente a partir deste momento que podemos como que vislumbrar o reverso da moeda e a partir daí perceber que semelhante instrumentalismo está impregnado de conotações valorativas que o sustentam. Então, podemos observar que o indivíduo que interage com o meio é dotado de uma inteligência naturalmente voltada para propósitos sociais democráticos e que, como tal, procura quebrar qualquer barreira que impeça a livre comunicação entre os seus semelhantes sempre tendo em memte a reconstrução do paraíso perdido. O meio ambiente, por sua vez, deverá transformar-se em paraíso para todos os que se esforçarem deliberadamente por atingi-lo. Como vimos, tal meio está povoado por qualidades e valores aí colocados pela inteligência humana que é capaz de reconstruí-los continuamente, tendo em vista orientar a conduta humana prática. A partir daí podemos perceber a eficácia de todo o aparato instrumental: afinal, ele foi forjado para reconstruir um mundo que, todavia, já se encontrava muito bem alicerçado pelo credo democrático de vida.

É somente em função desse credo que podemos compreender a segurança do autor e sua confiança nas possibilidades universais da experiência humana compartilhada com vista à realização do bem comum. É ainda à luz dessa fé no modo democrático de vida, como o único válido para nós, que podemos compreender a importante missão que Dewey atribui à educação. Trata-se de uma educação que conta com uma natureza pródiga, no sentido em que inclui em seu potencial tudo o que o homem necessitará para corresponder aos anseios de uma vida verdadeiramente democrática. Dessa forma, à educação fica a importante missão de propiciar o desenvolvimento pleno desse potencial, isso porque esse potencial está capacitado para orientar e dirigir semelhante processo de educação. Como não poderia deixar de ser, o meio, também democraticamente qualificado pelo homem, está fadado a reforçar a capacidade da natureza humana.

Como vimos, a grande finalidade da vida do autor – já que cremos poder identificar sua vida com sua obra – parece ser a busca de uma base racional para sua fé inabalável na unidade do mundo. Não é preciso, então, buscar alhures a dificuldade da filosofia deweyana, pois é tarefa das mais conflitantes a de buscar a unidade e a continuidade onde só percebemos contradições, descontinuidades, rupturas, etc. Então, para evitar o conflito que interrompe a continuidade da transação experiencial, a seu ver o verdadeiro e único símbolo de um mundo uno, Dewey utiliza-se de um artifício, o da simplificação da realidade, tornando possível, assim, o relacionamento entre o mundo dos seus sonhos e o real. A partir dessas considerações julgamos ter encontrado o significado das palavras de Richard la Brecque:

> Embora o pragmatismo seja de modo geral apresentado como um sistema filosófico, eu o designaria uma ideologia – definindo ideologia como um sistema de idéias elaborado para atingir um fim preconcebido e que simplifica, desse modo, a realidade, com o objetivo de fazer as idéias parecerem mais viáveis do que elas realmente são[1].

Na caracterização do pensamento ideológico, Roque Spencer Maciel de Barros vai mais além: "Este depende do estabelecimento de uma peculiar forma de relação entre os valores (sem que se entre em quaisquer especu-

---

1. "Pragmatism at Crossroads", *in Studies in Philosophy and Education*, vol. VIII, nº 3, Illinois, Executive Editor Southern Illinois University, 1974, p. 186.

lações referentes à filosofia dos valores) e a realidade"[2]. É como se a simplificação referida por La Brecque dissesse respeito àquela tentativa de deduzir do real, do dado, os valores que necessariamente o transcendem, não podendo estar nele contidos, conforme salienta Maciel de Barros. Efetivamente, trata-se de uma simplificação que nega o dualismo dos fatos e das decisões e conseqüentemente não reconhece a valência como uma esfera diversa daquela em que se estabelecem as conexões entre os dados. Como não poderia deixar de ser, a concepção da realidade é muito mais generosa: realidade é uma "totalidade significativa" determinada basicamente em função de uma "orientação de valor", isto é, a realidade só é pensada como real porque é valiosa[3]. Na verdade, valores e propósitos são inerentes à estrutura da própria realidade, porque aí foram colocados pela inteligência do homem que responde pela criação desse mundo.

Gostaríamos de lembrar mais uma vez o lema do naturalismo proposto por Joseph L. Blau: "Tudo é natural e isto é tudo o que pode ser experimentado pelos seres humanos"[4]. No universo deweyano a natureza impera, todavia não está só, pois quem a experimenta é o ser humano. Afinal, de acordo com o pensamento de Dewey, as coisas são o que são sempre na dependência da experiência que temos delas[5]. Então, não resta dúvida de que a realidade só é pensada como real porque é valiosa, ou pelo menos, ela é fruto da experiência dos seres humanos. Sem entrarmos no mérito do artifício ideológico, julgamos válido salientar que a sua obra vista deste ângulo

---

2. *Introdução à Filosofia Liberal*. São Paulo, Editora da Universidade de São Paulo. Ed. Grijalbo Ltda., 1971, p. 309.
3. Cf. *idem*, pp. 311-312.
4. *Filósofos y Escuelas Filosóficas en los Estados Unidos de América*, p. 364.
5. Cf. "The Postulate of Immediate Empiricism", *in The Influence of Darwin on Philosophy*, pp. 238-239.

não apresenta nenhuma incoerência notável ou contradição mais séria. Isso comprova o alcance do objetivo maior do autor ao criá-la, qual seja, o de substituir a tradicional separação entre homem e mundo, natureza e experiência pela idéia de continuidade, sem com isso roubar ao homem os seus valores mais caros. Insistimos, contudo, na existência de uma ambigüidade congênita no sistema deweyano, ambigüidade que o levou a minimizar o papel da filosofia em favor do, então, atribuído à ciência. Para tanto, dilatou de tal forma o âmbito da ciência que o resultado obtido parece ter sido o de uma verdadeira identificação entre a missão ora atribuída à ciência com aquela tradicionalmente considerada pertinente à filosofia. De fato, que ciência tão especial é essa capaz de gerar os valores necessários à orientação da conduta humana? Não podemos nos esquecer de que "tudo é natural", e o natural é antes de mais nada aquilo que é valioso, isto é, aquilo que para ser, deve valer. Tudo parece encontrar sua devida explicação, isto é, como pode Dewey, quase que por um passe de mágica, extrair do intercâmbio homem-natureza tudo aquilo que vem a ser valioso para a integridade do seu sistema? Ou ainda, como pode ele extrair da natureza os valores últimos que sustentam o seu instrumentalismo? Ao que parece tudo está bastante claro: Dewey extraiu da natureza os valores, porque aí os colocou como parte integrante dela, uma vez que, nesse mundo da natureza "artificialmente" construído, o valer é condição essencial para o ser.

O universo deweyano é um universo ricamente diferenciado e qualificado graças à sua maneira generosa de conceituar a natureza. Esta, e somente esta, pretende chamar a si as responsabilidades de um reino transcendente que não pode existir. Trata-se de um mundo que não exclui a criatividade e onde impera a crença no poder de auto-aperfeiçoamento humano. Neste mundo dilatado da natureza, os valores gerados pela arte, pela religião e pela moral têm direito à cidadania. O ser é derivado da experiência, daquilo que é experimentado pelo ser humano como valioso e, conseqüentemente, o inverso pode parecer verdadeiro, isto é, os valores são deduzidos do dado, do real. Eis mais uma vez aquela célebre questão que constitui a preocupação central da filosofia de John Dewey e que pode ser reformulada nestes termos: como aceitar a ciência e conservar o reino dos valores, sem que para tanto tenhamos que anular a dignidade própria do reino dos valores, fazendo-o derivar de maneira arbitrária do mundo da ciência, ele próprio tão carente de apoio e fundamentação? Ou ainda: como colocar as idéias em harmonia com a realidade atual? Como conciliar juízos de valor com juízos de fato? Como conciliar fé e razão? Finalmente, será possível acabar com os dualismos que tanto têm hostilizado a missão do filosofar humano?

E assim percebemos que apesar de todos os esforços do autor no sentido de abolir as divisões, ainda permanece como alternativa perfeitamente válida aquela que faz tudo girar em torno da afirmação primeira do *Cogito* e, conseqüentemente, aceita os problemas inevitáveis da relação entre o homem e o mundo, o pensamento e o ser, o mundo das aparências e o mundo das essências...

Como vimos, a filosofia deweyana parece resumir-se numa filosofia da democracia. Na verdade, o seu valor instrumental revela-se claramente, quando percebemos que ela espelha os anseios próprios de uma sociedade verdadeiramente democrática. A democracia, para o autor, age como idéia diretriz, como guia e orientação de nossa atuação, isto é, como uma idéia instrumental. Nada mais coerente, então, do que considerar a democracia um modelo para a educação, campo este totalmente aberto a tão poderoso instrumento.

É possível afirmar que só a América poderia produzir um tal pensador, capaz de refletir sobre o agir humano prático sem se voltar para a mera contemplação, capaz de penetrar inteligentemente em situações-problema do presente, ao invés de buscar apenas essências ou realidades últimas. Estaríamos assim apoiados na sensibilidade genial de Tocqueville, que soube captar as ondas profundamente democratizantes do povo americano. O sábio francês nos mostra claramente que se examinarmos o estado político e social da América, depois de ter estudado sua história, seremos obrigados a acreditar que aí não existe o registro de qualquer opinião, costume, lei ou acontecimento não explicável pela origem desse povo.

Poderíamos concluir que Dewey não passou de um filósofo do senso comum, ou do óbvio, como com freqüência ouvimos dizer. Porém, apreender o óbvio não é tão fácil quanto parece à primeira vista. Consiste naquilo que está diante de nós; mas é notado sempre depois que alguém o desvendou. Só aí, então, o seu significado é penetrado fluidamente. Sendo assim, não podemos outorgar a Dewey a descoberta da necessidade de crer na inteligência humana, pois na verdade semelhante crença, que por sinal alicerça todo o seu pensamento, faz parte do próprio credo democrático arraigado na tradição do seu povo. No entanto, ele buscou fundamentá-la racionalmente em seu programa de reconstrução contínua da filosofia, qual seja, da filosofia do mundo democrático que permanece em evolução. Mesmo estando cientes das vinculações existentes entre o pensamento do autor e as idéias, os costumes e as leis do próprio povo americano, procuramos deixar bem claro que o nosso estudo visou ressaltar a coerência interna do pensamento deweyano e que esta advém de sua crença na democracia como única forma de vida digna do ser humano. Se ele foi o filósofo do óbvio, não podemos evitar de fazer os nossos melhores votos para que, de vez em quando, apareçam filósofos do óbvio.

BIBLIOGRAFIA

Obras de John Dewey

"My Pedagogic Creed." *In: Education Today.* Edited and with a foreword by Joseph Ratner. New York, G. P. Putnam's Sons, 1940 (1. ed., New York, E. L. Kellogg & Co., 1897).

"The School and Society." *In: Dewey on Education.* Introduction and notes by Martin S. Dworkin. New York, Columbia University, 1961, pp. 33-90 (1. ed., Chicago, The University of Chicago Press, 1900).

"The Postulate of Immediate Empiricism." *In: The Influence of Darwin on Philosophy and other Essays in Contemporary Thought.* Bloomington, Indiana University Press, 1965, pp. 226-241 (1. ed., *Journal of Philosophy*, vol. II, n.º 15, July 1905, pp. 393-399).

Theory of Moral Life. Introduction by Arnold Isenberg, New York, Holt Rinehart and Winston, Inc., 1960 (1. ed., 1908).

The Influence of Darwin on Philosophy and other Essays in Contemporary Thought. Bloomington, Indiana University Press, 1965 (1. ed., New York, Henry Holt & Co., 1910).

How We Think. A Reestatement of the Relation of Reflective Think to the Educative Process. Revised edition. Boston, D. C. Heath and Co., 1933 (1. ed., 1910).

Interest and Effort in Education. Boston, Houghton Mifflin Company, 1913.

Democracy and Education. An Introduction to the Philosophy of Education. New York, The Macmillan Company, 1955 (1. ed., 1916).

Reconstruction in Philosophy. New York, The New American Library, 1954 (1. ed., New York, Henry Holt & Co., 1920).

Human Nature and Conduct. An Introduction to Social Psychology. New York, The Modern Library, 1930 (1. ed., New York, Henry Holt & Co., 1922).

Experience and Nature. Chicago, London, Open Court Publishing Company, 1926 (1. ed., 1925).

The Public and its Problems. New York, Henry Holt & Co., 1927.

Characters and Events. Popular Essays in Social and Political Philosophy. Edited by Joseph Ratner, vol. II, New York, Henry Holt & Co., 1929.

The Quest for Certainty: A study of the Relation of Knowledge and Action. 12. ed., New York, G. P. Putnam's Sons, 1960 (1. ed., New York, Minton Balch & Co., 1929).

Individualism Old and New. New York, Minton Balch & Co., 1930.

"From Absolutism to Experimentalism." *In: Contemporary American Philosophy*. Edited by G. P. Adams and W. P. Montague, vol. II, New York, The Macmillan Co., 1930, pp. 13-27.

Philosophy and Civilization. Massachusetts, Peter Smith Gloucester, 1968 (1. ed., New York, Minton Balch & Co., 1931).

A Common Faith. New Haven, Yale University Press, 1952 (1. ed., 1934).

"Liberalismo e Ação Social." In: *Liberalismo, Liberdade e Cultura*. Trad. Anísio S. Teixeira, São Paulo Companhia Editora Nacional, 1970, (1. ed., New York, G. P. Putnam's Sons, 1935).

LOGIC The Theory of Inquiry. New York, Henry Holt and Company, 1939 (1. ed., 1938).

Experience and Education. New York, The Macmillan Company, 1939 (1. ed., 1938).

Freedom and Culture. New York, G. P. Putnam's Sons, 1939.

Intelligence in the Modern World. John Dewey's Philosophy. Edited and with an introduction by Joseph Ratner, New York, The Modern Library, 1939.

"Experience, Knowledge and Value: A Rejoinder." *In: The Philosophy of John Dewey*. Edited by Paul Arthur Schilpp, Illinois, Open Court, 1971, pp. 517-608 (1. ed., 1939).

Education Today. Edited and with a foreword by Joseph Ratner, New York, G. P. Putnam's Sons, 1940.

Problems of Men. New York, Philosophical Library, 1946.

Obras sobre John Dewey

BRUBACKER, John S. "John Dewey." *In: Les Grands Pédagogues*. Sous la direction de Jean Chateau, 2. ed., Paris, Presses Universitaires de France, 1961, pp. 291-310.

CORALLO, Gino. "L'Atheism Pédagogique et John Dewey." *In: L'Atheism dans la Vie et Culture Contemporaines.* Tomo I, Tournai, Paris, Desclée, 1968, pp. 462-484.

DELEDALLE, Gérard. *La Pédagogie de John Dewey. Philosophie de la Continuité.* Paris, Éditions du Scarabée, 1965.

DELEDALLE, Gérard. *L'Idée d'Expérience dans la Philosophie de John Dewey.* Paris, Presses Universitaires de France, 1967.

DWORKIN, Martin S. *Dewey on Education.* 3. ed., New York, Columbia University, 1961.

HOOK, Sidney. *John Dewey, Philosopher of Science and Freedom. A Symposium.* Edited by Sidney Hook, New York, Dial Press Inc., 1950.

LA BRECQUE, Richard. "Pragmatism at Crossroads." *In: Studies in Philosophy and Education.* Vol. VIII, n.º 3, Illinois, Executive Editor Southern Illinois University, 1974, pp. 183-204.

MATAIX, Anselmo S. J. *La Norma Moral en John Dewey.* Madrid, Revista de Ocidente S.A., 1964.

SCHILPP, Paul A. (ed.) *The Philosophy of John Dewey.* 2. ed., Illinois, Open Court, 1971.

SUCUPIRA, Newton. *John Dewey: Uma Filosofia da Experiência.* Prefácio de Gilberto Freyre, Recife, Centro Regional de Pesquisas Educacionais, INEP-MEC, 1960.

TEIXEIRA, Anísio S. "A Pedagogia de Dewey (Esboço da Teoria de Educação de John Dewey)." *In: Dewey, John. Vida e Educação.* Trad. Henry Suzzallo, 4. ed., São Paulo, Edições Melhoramentos, 1954.

WHITE, Morton G. *The Origin of Dewey's Instrumentalism.* New York, Columbia University Press, 1943.

Obras gerais

ALEJANDRO, José María. *Gnoseología*, Madrid, B. A. C., 1969.

AZANHA, J. M. P. "A Questão dos Pressupostos no Discurso Pedagógico. *In:* NAGLE, Jorge (org.), *Educação e Linguagem (Para um estudo do discurso pedagógico).* São Paulo, EDART, 1976, pp. 83-97.

BARROS, R. S. M. de. *Introdução à Filosofia Liberal.* São Paulo, Editora da Universidade de São Paulo, Editorial Grijalbo, 1971.

BERGSON, Henri. "La Pensée et le Mouvant." *In: Oeuvres.* Textes annotés par André Robinet. Introduction par Henri Gouhier. 3. ed., Paris, Presses Universitaires de France, 1970, pp. 1251-1477.

BLAU, Joseph L. *Filósofos y Escuelas Filósoficas en los Estados Unidos de América.* Versión española por el profesor Tomás Avendaño, México, Editorial Reverté S.A., 1967.

BOCHENSKI, I. M. *Europäische Philosophie der Gegenwart.* 2. ed., Bern, A. Francke A.G. Verlag, 1951.

CORREL, Werner (org.) *Reform des Erziehungsdenkens. Eine Einführung in John Deweys Gedanken zur Schulreform.* Weinheim / Bergstrasse, Verlag Julius Beltz, 1966.

DURKHEIM, Emile. *Pragmatisme et Sociologie*. Paris, Librairie Philosophique J. Vrin, 1955.

FISCH, Max H. *Classic American Philosophers*. New York, Appleton-Century-Crofts, Inc., 1951.

HUXLEY, Julian S. *Evolution as a Process*. Great Britain, George Allen & Unwin Ltd, 1954.

JAMES, William. *Pragmatism, a New Name for Some Old Ways of Thinking*, New York, Longmans, Green and Co., 1943.

MARNELL, William H. *Man-Made Morals: Four Philosophies that Shaped America*. 2. ed., New York, Anchor Books Doubleday & Company, Inc., 1968.

MILLS, C. Wright. *Sociology and Pragmatism*. 2. ed., New York, Oxford University Press, 1966.

NAGEL, Ernest. *Sovereign Reason*. The Free Press of New York, 1954.

POPPER, Karl R. *Conjectures and Refutations. The Growth of Scientific Knowledge*. London, Routledge & Kengan Paul Ltd, 1963.

SCHNEIDER, Herbert W. *A History of American Philosophy*. 3. ed., New York, Columbia University Press, 1947.

SPENLÉ, J. E. *La Pensée Allemande de Luther a Nietzsche*. Paris, Librairie Armand Colin, 1955.

STROH, Guy W. *American Philosophy from Edwards to Dewey: An Introduction*. Princeton, D. Van Nostrand Company, Inc., 1968.

SUCHODOLSKI, Bogdan. *La Pédagogie et les Grands-Courants Philosophiques*. Paris, Les Éditions du Scarabée, 1960.

TOCQUEVILLE, Alexis de. *De la Démocratie en Amérique*. 17. ed., Paris, Calmann Lévy, 1888.

WHITE, Morton G. *The Age of Analysis. Twentieth Century Philosophers*. Selected, with an introduction and interpretative commentary by Morton G. White. Boston, Houghton Mifflin Company, 1955.

WOODWORTH, Robert S. *Contemporary Schools of Psychology*. 8. ed., London, Methuen & Co. Ltd., 1960.